眠空

安妮宝贝

北京出版集团公司
北京十月文艺出版社

新经典文化有限公司
www.readinglife.com
出 品

色如聚沫，痛如浮泡。
皆悉空寂，无有真正。

——摘句

目录

自序

　　《眠空》文字来自日记、笔记、杂录。有的正式写在电脑上，有的零散记录于旅途所携带的纸页。文字具备即刻的意义，记下的观点或细节，过后回望，已显得不再重要或与己无关。但从记录中回溯，可看到自我构建和行进的一个过程。

　　我写下这些随性的文字，并不打算长久保留。选择性整理出一部分之后，其余的也就清空或消除了。这些思想、情绪、感受、知见的痕迹和旧躯体，已属于过去。从中摘录的文字成书之后，进入被阅读的世界，自此流向它自己的道路。彼此也就相忘。

　　二〇一二年七月末，《眠空》止稿。窗外花园蝉鸣狂热，查日历原来是立秋。所谓水落石出，是在时间的回旋中仍相遇自己的本性。无力的终究无力，有力的依然递进。这些文图被整理成行李，推入时间的轨道。我因此而感觉到一种新生。我们的确有可能时时刻刻成为一个新的自己，具备无限的生机和活泼。

　　《眠空》的记录是一种私人形式，表述零散、跳跃、漫不经心。但我并不顾忌这种任性的方式与人众阅读之间的距离。不同的心路，导致对事物的感受和理解有差异。认知的隔阂也会产生阅读中的障碍或者偏差。我们在各自的疆域生活。像花朵盛开在阴面或者阳面的山谷，盛开在海边或者草丛之中，但都是在自己的本性里盛开。这是人与人之间的一体性。它是平等的，开放的。

我意识到与这个世间，与诸多读者，与从未曾谋面的陌生人之间的一体性。愿意分享我所知所想的一切，即便它微小琐碎，但来自内在的真实与思考。表达和阅读，得以触摸到深处的自己，并相互发生联接和印证。这种印证，有时在我与"我"之间，有时在我与"你"之间。他人文字是一种启发、借鉴、对镜自照。它们也会在有感应有因缘的生命之中，播下漂流的小小种子。这是美好的相遇。

人的表达有各自的局限。有它在不断被推入过去的即时性。有也许曾经被古人或过去早已反复陈述的困守挣扎。但这并不意味表达的虚妄。表达延续生命个体的存在感，在书写和阅读中传递。表达也承载即刻的明心见性，发出声音，让自己"听到"。也让能够"听到"的人知晓。

二〇一一年，出版长篇小说《春宴》。《春宴》于我，如同翻过一个山头。翻过不是终结，是为了看到新的路在另一侧展开。《眠空》是某种生发、循环、分解、消释。这些文字对我而言，如同把一枚铁钉敲入岩石，缓慢、坚定、持续、深入；也如同把一封书信投入大海，随手撒落，没有目的。它们是内心的一种觉知和清理。

那年，在京都，与一位日本的禅宗师父见面，他说，脚步有力而坚定，不断地走下去，就可以走一条长路。一位西藏的师父则说，期待和恐惧应成为我们的戒律。即人应无所期待，也无所恐惧。我喜欢走路。走路时，当下是全部。播下种子，让花开放，让果实结出。而不必追究其结局如何，有何意义。

　　勇猛之心，渴望人生加速，强烈地感受和完尽事物，更多的承担和行动。用全力去负荷，或者全然放下。疑问最终需以实践作答。人的所向，是趋近那片远处的大海，跃入其中，消融其中，获得全然的究竟。人们只是走在路上。

　　愿你在这本书中有所得。谢谢。

安妮宝贝

北京

二〇一二年七月二十八日

注：

*《眠空》一部分文字整理于写给《城市画报》和《大方》的专栏。

* 书中人物具备虚拟性。M，他或者她，来自多位不同的人，混为一体。

电露泡影

｜壹｜

是该记录一些什么。记录让人保持清醒。写作中的小说人物混杂交错又各自孤立，是它在使我亢奋和虚弱着吗，仿佛要发出光来。睡眠和食物被抑制，再次回复到二十五岁左右的体重。我的时间不够用。

跟着书中的人物开始去旅行，没有考虑好彼此的时间层次。平行，交叉，或者时断时续。重要的是，我们已一起出发。这本书，最先得到的是它的结构，其次是意象。书中细节如同电影镜头，一幕幕在暗中浮现。仿佛它们曾在记忆中发生。我对编撰故事或塑造人物，并没有试图用力的兴趣。对我而言，它们一般只是"工具"。只为有所"表达"而服务。

这种方式也许更接近散文或诗歌创作。而小说令人入迷之处，是可以塑造和建立一个自我封闭而又无限延伸的世界。一个新的世界。不存在的世界。（强烈的迷人之处如同无可替代的欲望蓬勃。）能够因此长时间单一而沉溺地去做这件事。持续深入，持续完成。这是喜欢的工作模式。

写一本书，如同画一枝牡丹，塑造一只瓷器，织一匹锦。个体的存在转瞬即逝，不过白驹过隙。物质有时长久于人的生命，能够滴水穿石。在世间脆弱的分崩离析中，物质标本得以稳定的方式流转。肉身找到可能，以心灵的跋涉作为渡船，划过世间茫茫长河。（以此创作应只是生命用以度过的方式。它并非一个目标。）

把字写完，这是当下在做的事情。持续中的时时刻刻。在房间里独自工作，从日到夜，从夜到日。那又如何。这份工作当然需要充沛的体力，需要健壮，但有时只感觉到一种微弱的坚韧。如同瓦斯用尽前异常透亮幽蓝的火苗。提醒自己，尽量专注地承担起工作，及时去照顾和爱护重要的人。学会不在意琐碎的事情、琐碎的结论。希望时间淬炼出一种充分的纯度，与之共进。

"生是为死亡而做的一种准备，一种训练。"如果把生命认知为用以完成任务的工具和手段，那么这个颠覆性的觉知，将会使人对世上一切事物的重要性，进行全新的理解和排序。

*

今日失眠到凌晨四点。失眠让人看到自己的病态，如同《小团圆》结尾处提到的泡在药水中的怪兽，本以为已更新换代，此刻却又原形毕露。失眠带来的窘迫，把人驱赶至记忆边缘。在白日，人尽力卸去自我的负担，以工作娱乐交际行动作为种种麻醉剂，得到身心干净坚硬的错觉。失眠令人污浊。如同黏稠的液体渗出，身心浸透显示出重量。

自我此刻顽劣地跳脱出来，发出试探。一旦被激发，便面对与之争斗。你来我往。这艰难的抵挡。

想到的问题是，曾经那么多的人，喜欢过，被喜欢过，爱过，被爱过，告终之后，他们的行为和语言如潮水退却，在肉身表面没有留下一丝痕迹。只有彼此相遇和相处的时刻所累叠起来的意识和记忆，如同空旷山谷一道隐约回音，震荡在内心深处。我想它们不会消失。它们只是在等待被吸收。

感情的结果最终是一种理性。是人的天性不具备足够留恋，还是前进的生活强迫抛却蜕除下来的旧壳。我们比自己想象的更为无情和客观。人也是软弱和孤立的。没有依傍。哪怕只是记忆的依傍。记忆的依傍仍是虚空。行为被清除得如此干净。时间徒然存余留恋之心。

记忆结构成身心血肉的一部分。坚固，绵延，直至趋向冷寂。只有写作使它苏醒、凸显、融解、流动。写作激活了记忆。记忆则投食于写作。

*

这一年冬季，对我而言，意味着静守、观察、分辨、收藏。心沉潜于海底，幽暗保留它的秘密。隐约可分辨远处点点光斑浮显，小心屏住呼吸观望。停留于暗中以它为滋养。等待全力跃出于海面被阳光击碎的一刻。感觉生长期将从明年春天开始。

在春天到来之前，不免略有些颓唐。封闭式工作，间或睡眠，偶尔与人约见，阅读，走路，隐匿与消沉，逐日清扫内心空间。在难以言说的一种混沌和清醒之中，度过时日。

      *

有时我觉得时间并非一个孤立的进行式。人类对于时间的定义，只是出于各自想象和推测。它是一个无限扩展的平面，还是一条盘旋而上的通道？时间的流动如此深邃难言，我们置身其中，如海水之中的水滴，又如何对自身无法"看见"和"隔离"的存在做出描述。

因为无知无觉，人拥有自由想象。因故，对我而言，时间并非一个孤立的进行式。

我猜测过往只是失踪，放置于时间平滑而开放的界面，打包整理，罗列在某个无法触及的维度。但即便可以回去，再次伸手取下它们，我也不想走上这条回头路。更不试图把它们逐一打开。不纠缠，不黏着，不把玩，不回味。过往的意义在每一刻逝去的当下完成。

如同此刻，写作之于我，是把记忆逐一打包和搁置的过程。把它们扔入体内悄无声息的骨血之中。扔入一刻也不停止变动的流水之中。

除了写作，找不到其他更理性更彻底的整理与清除方式。

*

喜欢观察人的手。一双手背上有青色筋脉微微突显的手，看起来真是美极了。不论男女。

经常看自己的手，也看所爱着的那些男子和女人的手。他们抚触过的杯子，用力的方式，把手伸向我试图联接。手指的轮廓和肌肤。炎热的夏季，旅馆房间，手指抚摸过背部，识别其中所传递的问询和柔情。默默中几近入睡。

每年春天都会起心动念，想出发坐一趟火车去洛阳看牡丹。但事实上从未成行。也许，在内心保留的这个念头，最终所向并非牡丹，而是一条幻想中可抵达的道路。我幻想洛阳每年春天盛开的牡丹花，想坐车去观望它们。但其实可以允许这个愿望从未成形。

情爱是一种可训练可增进的能力。情爱仍是最深沉的幻觉（这也是《春宴》的主题之一）。有时它看起来充满激进和勇气，仿佛正被实现和推动，却不过是趋近深渊的临身探入。与其说我们渴望得到爱，不如说我们意欲在其中获取强烈的实践的感受。

他来探望我。告别之前，在暮色中并肩而坐，看公园里的少年们打篮球，天色逐渐暗落。走上山坡，他摘下一枝鸢尾递与我。这紫色花朵适合单独观赏。即便热闹茁壮地群生，也显出桀骜不羁。天边浮出细细的弯月。抽完最后一根烟。

一切终究是会过完的。残存中没有余地。

"夜静水寒鱼不食，满船空载月明归。正当夜静人深时，天地一时澄澄地，且道是什么？"晚上继续读宋人论禅。

＊

早起在花园里拍下花朵种种。白紫丁香盛放，海棠桃花樱花玉兰接近颓败，鸢尾蹿出花苞，月季抽发枝叶。花期有条不紊，秩序井然，一切适宜而合理。秩序是指万事万物开始有时，盛衰有时，终结有时，重生有时。这不禁令人安心。

＊

一个夜晚，我告诉自己这样的难过只能有一次。

祈祷在内心流出，它们都会成真。上天给出它认为正确的东西，从无错误。入睡前那些在黑暗中祈祷的时刻，那些黑暗所显示的纯净与力量，难以用言语表达，也无法揭示它的深度。它进入身心每一条缝隙，与血肉包裹凝聚。心念与意志发出光来，仿佛已存在太久一般。

*

十年前，携带一只超重的行李箱从上海抵达北京。箱子里有若干重要的书籍、几件常穿的衣衫及童年时的旧玩偶。之前有过数次动荡迁徙，从未想过会在北方生活。我习惯江南的食物，它的梅雨，潮湿，丰盛，四季分明。但命运的洪流自然而然把人携带到远地，如水中漂浮的种子身不由己。在停靠的岸边生出根，发出芽。开花结果之后，仍把种子撒入水中。

走在旅途中的人，不管置身于何地，只要卸下行李，暂时落脚，就可视脚下的土地为家。如果离开，出发，此地则再次成为地图上一个标记。我从不觉得自己固定属于某处。我是一个没有"家"的概念的人。其他任何形式的归属概念对我而言，亦没有意义。在我的心中，这个世间终是与我没有太过密切或深远的联系。仿佛一早便知，自己只是偶然来做客。

因此即便在一块土壤里插枝生叶，若有必要，仍会亲自动手，把深埋土下的根块逐一挖起。所谓的落叶归根，我从不相信，也不会遵循。人可以死在任何一个无人知晓的地方。这是命运的孤独和刚硬所在。

一座不适宜步行的城市，也同时意味着它不适合居住。川流不息的环路。耳膜震动汽车穿梭的声浪，空气里遍布灰尘。在一个机械世界中的碎裂及无法成形。隔膜重重。对抗和服从。走过大风呼啸的地铁通道，一边是乞讨和流浪的人，一边是华丽的广告，充斥商品、繁荣、时尚、交易、明星、娱乐。

灵与物不平衡的世界。肉身寄身于狭隘缝隙。一号线车厢，陌生人温热的发肤，层层气味汇聚成浑浊而滚烫的河流。人群对着手机无所事事，或紧紧攥住手里的各式行李。发亮的屏幕里跳动游戏和新闻。有人开始入睡。有人拿出了食物。无法言说的处境。各自封锁的过去和未来。正在呼啸而过的此刻。

如果相信世界是由类别、主义、口号、观念组成，那么这个"世界"与我们之间的关系无疑是虚假而苦痛的。

*

下午与 M 见面。

程序始终一样。先在固定的咖啡店喝茶，然后去他选择的餐厅吃饭。雍和宫旁边这家小小的西餐厅，位置隐蔽，很久没有来过。认识他已有十年。

他跟我谈身体最近的不适，对工作看法的转换，在做的事情及一些疑问。见面总是在探讨，大半他说我听，多年不变。等我们彼此老了，还会这样吗。我们仿佛正在成为某种意义上真正的朋友。中性，理性，智性，这三点在逐渐变成关系的全部。而这些在相识的最初并不明确。

　　我看他由之前暴烈不定的男子，变成现在偏向素食略带厌离之心的人，觉得自己大概也是在这样地变化。仿佛是彼此的镜子。

　　二十多岁时的恋人或朋友，大多年龄相当，或者比自己还小。过了三十岁之后，和年长许多的人交往深入，有些相差十岁之上。和他们在一起，才觉得交流顺畅。

　　他说，宗教禁忌自杀，自杀要受到惩处。人不能逃避为自己的生命负责，要偿还清楚，即便谁都知道逃逸最轻省。人们询问自己是否有自杀的勇气，其实是在索要逃逸的勇气。在一座牢笼里，很多人都在服刑，你决定逃脱。但你最终能逃到哪里。逃出去之后，是彻底的自由，还是被抓住后更长久的惩处。围绕生死问题，重要的立足点仍是我们对于时间的看法。即一件事情的结束是代表终止，还是代表再一次开始。

　　他对我说，写作和孤独，是你的根本处境。记得这一点。其他的任何游戏和形式都不重要，它们最终对你没有力量。

　　他说，要善待自己，放下和消融内在积存的创伤。它们使你沉重而不够轻盈，要不断去清洗。我说，我在你面前仿佛一览无余。他说，人是有很多面的，哪有一览无余。你对我来说，始终是一个没有答案的谜语。但你的谜题措辞优美。

他待人好，会再次记起他们。这是他的优点。

曾经刚硬而无可琢磨的人，在时间磨练中渐渐呈现朴素、轻淡、平常。这条规律在很多人身上得到印证。生活不断删减和简化，心得到澄清和明确。世间渐渐成为另一种样子。

　　*

若无相衬，也不枉费。委婉幽暗，无言以对。

　　*

走过地铁通道，回到地面。点燃一根烟。寒风让人眼目清醒。

这样琐碎严酷。又这样平常自然。

一旦意识到所需要面对和处理的生命中的问题，它们就会如岩石高高耸起。俗世的欢愉或妄想即便潮头汹涌，也再不可能使之被麻醉和遮盖。这些无可消灭的问题，是对人来说唯一重要的事情。

即寻求自我的解决之道。

间断性情绪低落周期。如同嗓子发炎，头疼脑热，是必须要忍耐的事情。也是肯定可以忍耐完尽的事情。情绪升起，像一头野兽，来回盘旋，跃动攻击，试图把人吞噬。在其中察觉到愤怒、暴戾，一种压抑的委屈和深深的匮乏。和它对峙需要格外小心。这头兽盘踞已久，时时需要被安抚。再次被激醒。一切事出有因。

当它采取攻击时，需保持观察。内心持续交替软弱、混乱、贪恋、冷静、洁净、刚硬、开放。这个替换时间越来越短暂。心所需要的清除工作无法有片刻中止。

忍耐疾病般，忍耐不时来袭的阴暗感觉。

每一次来袭都会让人感受到软弱。这种软弱也提醒我，保持觉察和承担是一次举重的过程。当人能够每次都举起比前一次有所增加的重量，这即是训练。人最终将以此接受和理解，这个世界上所发生的所有曾经以为不可理喻也无法接受的事。

观察它，看它如何静止下来，再次回去它的角落。收藏起身体里抵抗的力量，把它驯服。很多事情，都是重复的轮回的，能够摸索出规律。最终知道它的轨迹，明了它的起源、走向、变动、结果。

心之艰难，是跟自己做斗争。

*

早上的梦境。十层，二十层，八十层的电梯。身后的人说，可以停于十层，也可以是二十层，大概是去吃午餐。想与他们一起，却独自进了电梯，并且摁了八十层。以前的梦中，也有在电梯里。快速升高的电梯，黑暗，幽闭，微微摇晃，向无尽的高空延伸。有时是裸露在外的建筑工地的直梯。但这次是封闭的。

接受现实。人心均有其漏洞。

行动主义是一种理性。人有时被自己的感性摧毁，是因为理性虽然有力，但它不是能够带来安慰的东西。

有时压抑会暗自滋生出一种敏锐和勇气。

*

去一座古城小住。春天蚕豆开花期的田野，坐于田埂上。时而阳光剧烈，晒得眼冒金光，时而浓云飘过，落下清凉硕大的雨点。大风掠过，作物绿叶如波浪向前推动，光线变幻，发出刷刷声响。这景象使人入迷，旁观数小时不觉厌倦。还有那些熟悉的光线，洒在大海中，洒向山峦间的村庄，一束一束，静谧强壮。

晚上独自在路边小餐厅吃饭，屋檐下悬挂腊肉、风肝、熏肠。

店里自制的大玻璃罐青梅酒。喧闹人群渐渐走空，厨师服务员结束工作，围坐一起看电视说闲话。窗外淅淅沥沥下起小雨，渐渐密集。大批浓云飘过上空。酒即便独饮，也使人浑身暖和，心里热烫。喝完杯中残酒，结账走出店门。

冷雨扑脸，脚步略有趔趄。路边的杏花树，粉粉白白，一簇簇花朵开得断了魂。坡道上端是巍峨山峦。顷刻一生锣鼓歇，不知何处是家乡。当下不免生起顿然警觉，肉身投诸这个无常世间，灵魂却是一直在上路的异乡客。

"人是情愿孤独，也宁愿死的。否则我们为何要跟心爱的人作对，对当下的事物漠视，又向往遥不可及的一切……"在长途飞行的闷热机舱，把这部电影又重新看了一遍。在有所感应的作品里面，看到的虽是别人的故事，照见的却仿佛是自己的生命。所有的影子、呼吸、结构和细节，如此相似。以至有时让内心生出一种软弱和憎恶。（也许在潜意识中，人并不喜欢他人说出自己的内心。你以为自己独一无二，而事实并非如此。）

曾经。无论在哪里，在何时，时时会觉得自己是一个寂寞的人。没有旁人，仿佛始终是一个人。生活也许会被一些细节填塞，但最终又在不断被流水洗刷和带走，留下的仍是岩石般坚定处境。所有的事实在分散发射之后，仍以一种单纯而有力的方式再次返照。

我们身上所被搁置的无形而庞大的经验何其空虚，又何其沉重。

*

他问我，如果得到一个伴侣，想要的情感关系是怎样的模式。我说，照顾、承担、保护、安全。别人的答案也许会不同，比如宠爱、依赖、占有或者相悦。这些词汇的感受对我来说很陌生。

童年时，双亲很少带我去电影院、游乐场或小公园。我们很少在餐馆里热闹而亲密地吃饭。他们不过问我内心是否快乐，可有忧虑，很少送我礼物。到了少女时代，连沟通都丧失。有时好几天什么话都不说。长久处于这样的模式和氛围之中，会逐渐觉得如此接受下来的现实都是正常。

就像伤疤，早已不是自然的组织，是增生凸起的丑陋的东西，只为保护和遮盖，但人带着它，慢慢与它成为整体。如果人长期生活在某种匮乏的阴影里，他最终会成为阴影的一部分。对自尊和情感的渴望与羞耻之心，习惯了不被得到，觉得天生就该没有。

十六岁左右，我即觉得可以离开这个家，去到哪里都行。心里有一种僵硬阻滞，使我在十几岁、二十几岁时无法懂得爱的内在，却对它有贪婪的需索之心。成为对情感只有匮乏感而没有憧憬的女子。如何得到来自他人的情感，如何享用，全无概念。偶尔别人给予，觉得心中忐忑不安。因为不习惯，不知道它什么性质。如同一棵结不出果子的树。

生怕别人的一丝丝给予都会成为难以对等的负担。觉得一切都不会长久。这种内心冷漠即是伤疤。我逐渐意识到所谓的人的感情，不过是一些缤纷的肥皂泡。感情总是被低估或者高估。有时我很失望。有时我佯装不知这些失望，并最终忘记这些失望。

辗转损伤之后，在长久背负这种自相矛盾的不可解决的失望和需索之后，我已知晓，人不需要幻觉中的感情的肥皂泡。它们终会破碎。它们比渴望本身还要脆弱。最好的方式，是学会与黑暗共存，并越过它的界限。

*

成年之后，重新整理与父母之间的关系，进行自我修复。此时父亲已去世很久，母亲也在老去。再次回望这对血肉相联的大人，我得以理解他们在人世所处的位置。理解人在面对自身和他人时会有无法克服的困难。理解人性的脆弱、善良、限制、无力。这种理解的发生，使我接纳了自己的历史及这所有发生过的一切。

我对他们的感情经历一次新生。并使自己同时得到这种新生。

孩子需要小心对待，需要亲吻、拥抱、关注、鼓励。需要确认的爱与安全。被剥夺这些，心里不免暗藏坑洞。如此，也许可以成为一个艺术工作者，因为内心的敏感和情感被压抑，能量剧烈冲撞，需要释放。但这些冲撞可能带来牺牲。如果不经历有效的成长和调整，心会与碎裂结盟，并最终被自己毁灭。

这样的人，需要更为顽强和长久的自我认知的过程。需要一生的自我帮助和教育来让自己恢复和愈合。

而我，如果不曾经历顽劣不定的成长，是否会因此改变人生模式。如果父母感情和谐通达，家人时常相聚吃饭，聊天畅谈，有充分的爱的表达，我是否能够成为一个情绪稳定内心温驯的女子，得以早早结婚，与男子平顺相处白头偕老。我不会远离家乡。也不会始终与人的关系动荡不定。这种假设我知道它无法成立。如同我和世间一直存在的某种格格不入或者不合时宜的关系。这也许是一种无法被对抗的力量。

命运发生的模式是一种早已被选择和排列的秩序。生命被设置需要穿越的障碍和通道，以便人接近自身的真正任务。我终究只能开始写作。远行和孤独于我，即是必须接受的负担。

我们的人生中不存在假设。存在的即是唯一被允许的。

没有什么发生是错误。它们最终都是正确。

  *

生下第一个孩子时，已过三十岁。之前的生活流离，如河流在山间平原任意更改方向，来回波折。孩子仿佛是一种确认，让身心成为土壤里扎下根系的植物，不再孤身飘荡于世间。这种飘零感，如同晚春花瓣落于风中，无所归依，岌岌可危。孩子是这个现实的世间为我而做出的一次挽留。

怀孕时，去做 B 超，看到胎儿躺在子宫里，头和躯体的形状已分开。屈起上半身的模样，很无辜，很秘密。但我并未被激发饱满多余的母爱。很快排除掉内心的不适应，也没有脆弱的情绪或对孩子的过于关注。不过是若无其事，自然地善待。经常独自出门步行很久。在超市购物，提拎沉重的购物袋在柜台结账。即便入院的前一个月，还在郊外爬山。

十个月。陷入在一种强壮而孤独的状态里，怀着孩子，重新成为孤身一人，与人世分清关系。一只白玉镯子。一串白水晶旧佛珠。阅读喜爱的旧日书籍。读书，做笔记，写日记。吃新鲜蔬菜，水果，粗粮。定时去花园喂野猫。与人的交往几近为零。没有与外界的沟通和交际，与认识的各式人等全都失去联系。直到三年后才重新与他们见面。

我也许想在这个过程中得到深切的修复。归于与世隔绝，归于一种不曾获得过的自给自足。不想交换，无需言说，以此重新认知和治愈自己。（但最终我意识到它只能治愈一部分。它不具备彻底更换生命结构的能力。）

数十年来大浪淘沙般混浊的剧烈的没有方向的游荡的生活，潮水一样起落。在稍稍觉得可以歇息一下，停止追逐起伏的时候，发现落脚之处也不过是海边一块被冲击的礁石。生活在激流动荡之后，暂时得到中间点的停靠。但这一切远不是岸。

岸有时看起来仿佛是不存在的。在我们得到真正的可与血肉之躯交融的信念之前，没有回头是岸。

   *

怀孕时，为了度过隔绝时日，动手写一本书。把文字比拟为刺绣，一字一行，完成春夏秋冬四季的画幅。叙述故乡、童年、双亲、写作……内心零碎失落的碎片在回想中逐一回归，逐一拼接完整。

白日在花园凉棚下坐着改稿，池塘里荷花开得正好。夏天黄昏时常一阵暴雨。在走廊上放置一把藤制摇椅。坐在那里，听雨点打在芭蕉叶上，滴滴答答。雨后的彩虹若隐若现。夜色来得迟。晚香玉开出芳香白花。

这本书在孩子出生前一月出版，书名是《素年锦时》。是之前写作十年拥有读者最多的一本书。把它送给将在十月出生的女儿，以此是纪念。《莲花》则题字给我的父母。此外，没有把书题字给任何人。对我来说，孩子，父母，这两种关系是不会变化的。是到死都必须背负的关系。单纯而强大。融入骨血的关系。

命运一再给予安排和设定，人却无法预知自己的生活中会发生

24

什么。我习惯在生活中随波逐流，把身心交付给流淌中的河流。现实按照秩序逐样发生应该发生的一切。不容想象，不容拒绝。对此，我未曾有过畏怖或退却。

"生命的道路上出了什么岔子，不能仅靠智力上的理解去化解。这是生命的模式，它在你体内，深入骨髓。你必须回去。如果你真的想变得自然，你得重度往日的时光……找出来，回归到过去，再度经历过它。如果有遗留下什么东西，唯一的方式就是在头脑里重新经历它，往回走。再度活过它，而不只是回想它。"

在飞机上阅读一本书，读到其中段落。想起十余年的写作，写尽内心的点滴和曲折，也许正是这种生命的修复。我已相当用力，却从未自知在进行这一切。那一刻，百感交集，坐在狭小机舱的人群中流下热泪。

*

晚上梦魇。见到空旷的木结构房子，屋顶木脊悬挂下大幅丝缎布匹，绮丽难言。有一群人站在暗的殿堂里听人讲经，我也夹杂其中。一个衣着锦袍的男子，身形高大。身边有背后悬挂长长辫子的小女孩。那女孩头部刚齐他的腰，面容极美，安静不语。他们转身背向我，踏上往高处的台阶。

太阳花，牵牛花，撒下种子，生长旺盛，花朵朝开暮合，常使人有一种错觉，觉得它们每天都是新的。因为有休息，不像时时刻刻绽放的花朵，让人察觉到坚持和疲累，感觉到最终走向衰败的趋向。有休息的花朵，是长相伴随的可靠，与人的缘分更为亲厚。

习惯性注视出现在视线里的陌生人。他们的头发、皮肤和眼白的颜色，磨损的指甲油，手机上的小装饰，衣服上被忽略的污渍，鞋子，背包……空气里流动着一种不确定的安全性。这种安全性在于，在广袤的人的世界里，我们默默存在如杂草丛生，却各自暗藏深不可测的故事。

人一生的挣扎是否值得同情。每个人各有各的挣扎，轮不上谁来同情谁。对更高的力量来说，它看待人的挣扎和我们看待蚂蚁奔走蜉蝣求生没有两样。不过是盲目而辛劳地奔走，不过是求一段肉身的存在。这一生，只有对自己来说是最重要的事情，对其他人不是。其实只有你对自己的生命负责。

因此，应尽量保持真实和自在地去生活。不违背不辜负，无需他人旁观，更无需他人同情。只需始终忠于自我。

此段想法来自今日在杂志上看到的一篇采访标题。

不知道杭州苏堤白堤的花开了没有，柳树绿了没有。

想孤身前往去看一场花事。如果午后微雨突袭，你恰好渡船而过，不妨让我们在春柳拂面的桥头相见。

＊

　　早餐是带核桃坚果的黑麦面包，黄油，热茶。简单食物让身体
觉得舒畅。

　　下午会议持续五个小时。中途吃了几块甜饼干和糖。明年有新
的工作，要把它们完成。

　　回家的出租车上，一起参与会议的 Z 对我说，你现在所写的
作品都太干净了，应该写写痛苦、颓废、残酷、性欲……我说，你
不知道我二十几岁的时候写过什么，你没读过。我已过了那个阶段。
人与环境的对抗永无绝期。自我摧毁是有快感的。所有的下堕行为
都伴随着快感，摔破一个罐子，与长时间塑造和建设一个罐子，前
者让你享受到更为强大的自我妄想。觉得自己具有力量。但事实并
非如此。行动应该携带和突破重力而上升。

　　他说，话虽如此，抹掉这些没意思。人是有欲望的，在欲望中
存活，或者在欲望中死去。应该逢佛杀佛，逢祖杀祖。

＊

　　见人。穿上买了很久但一直搁置的天蓝色亚麻旗袍。有轻微感
冒。

S 陪我一起去买相机，与我长时间谈论她的婚姻。得出结论，男女不管关系性质如何，有些原则不能随意更改，底线不能突破。一旦突破，破镜难圆。感情忌讳懈怠及理所当然，至少要始终保持尊重、克制、发力、欣赏及感恩之心。

不发力的关系，如同长久不熨烫的旧衣服，样貌邋遢，终究被丢弃。新衣服好看，但新衣服也会在时间里慢慢成为旧衣服。如何对它保持照顾的心至为重要。

她说，人生的内容大部分与牺牲及忍耐有关，有所付出，又不能样样尽兴。说，跨过四十岁之后，很多心境淡去，给了自己释然的理由。

但我并不认同这一点。不认同以淡漠心境换取放弃与妥协。人太容易得到借口，那是我们过于保全自身，不舍得让自己走到悬崖边上。真正强烈而完善的感受，只会来自一条途径，即置于死地而后生。

*

芍药是春天很早时开放的花。天气尚寒冷，芍药花苞日日膨胀，不知觉间，在向阳墙角绽出花朵。单瓣，重瓣，颜色鲜艳，硕大热烈，花园陡显春色。等其他大部分的花绽放，芍药闭门歇户。浓密绿叶猛长，不再有花苞，成为一簇废草。为了不占据有限空间，一般会把它的枝叶剪除，只留下花根。芍药是注定要被牺牲的花朵。

傍晚下起微雨。

雨中跑步，雨点逐渐力度粗重。没有感觉困窘，依然保持匀速。路径上空无一人。竹叶、樱花树、灌木发出沙沙清响，确凿而鲜明。

"你是一个随波逐流的人。好像一颗种子，顺水漂流，多次停歇。也许一次遇到了一个适合的沟沟坎坎，就驻足发芽了。你多年前回来，不认识路我出去找你，我记得你在街上一个人看广告牌打发时间的样子。不知你现在是不是还是那样的状态……十二年前，我认真爱过你。那是我人生中重要的两年。"

L给我写来的第一封信，其中提到江面波浪上看到云朵和光影。人内在的深切和细腻，需要对等的人才能承当。这内在若得到自在的化解，不至于成为负担。否则便是一种凝聚和停滞。

但终究，每一个人的内在只能独享。人无法渴求被理解。他人的理解有时与己无关。被分享最多的内在，通常只是整体之中较为肤泛的一个层面。从这一点来看，我们的确是生而孤独的。即便有人给了我们感情，也仍是孤独的。因这感情有可能只是他出发于自我的幻觉和执念。

*

午后，小客厅角落里的长沙发上休息。略小睡二十分钟，即刻起身，再次开始工作。黑色陶罐盛有四五根青竹。枕上可见到竹枝斑驳光影浮动。

试用了一下新相机，大概是目前用过的最好的感觉，和以往截然不同。大小重量也很合适。拍了花园里次第开放的石竹、蔷薇及合欢的树影。长久不写字，脑袋会生涩。长期写，也未必精彩。日写五千，这是个基本目标。应把相机放在包里，若外出，可即兴拍摄。

得到过一种正确的方式，就会知道如何去做是对的。工作有难度，依旧保持信心。

当我察觉到自己，渐渐对一些过于世间化和个体性的观点和立场失去兴趣，我同时察觉到这种失去，也许是当下更需要克服的另一种观点和立场。

*

黄昏时跑步，天空中有非常亮的一颗星。

不知道是否是木星。

*

　　我的太婆，太公，祖母，都是老到一定年龄之后，在躺下或做某件家务事时，突然离开人世。平静而无苦痛，是一种善始善终。而祖父、父亲、叔叔，在死去之前都曾接受医疗手段对肉身的侵入，只是被侵入的时间或短或长。这种苦痛和煎熬对身边的亲人来说，也是折磨。这些目睹死亡的经历，使我一直有一种想法：人应始终保持强烈而及时地生活。

　　我们不知道什么时候会以什么样的方式离开这个世间。生命过程可以坎坷而用力，死亡则应平顺而安稳。生是为死亡而做的准备。

　　一个印第安巫师说，如果让儿童目睹一次葬礼，抚摸死人的尸体，会驯服孩子内心的浅薄与顽劣不羁。他获得了真正的灵魂的成长。死亡是最需要被学习和认识的内容。

　　二三十岁，人为情爱，为工作，为自身在这个世间的作为和努力而存在。四十岁之后，则应为心灵的完善和超越而活。后者的发力和承担更为沉重。这是一个全新开始。逐渐老去的人，绝非喂鱼养花忙于俗务或在广场跳健身操打太极拳，就能够做到镇定应对生命的衰竭。我在纽约格林威治村的一家印度人开的店铺里，买了一张印度尊者的照片。男子年老时肢体清瘦，白色短发，全身赤裸只裹一条白色兜裆布，眼神清澈坚毅。修行不止，施与不止。这是一个修行者生命的完成方式。

不好的事情不是死去，而是不美。

不美即代表不强烈，不真实，没有始终。生命未曾有所完尽和取得解脱。

＊

白色衬衣只有在春夏季穿才显得清爽。而我仍喜欢穿白衬衣的男子，尤其是夏季的印度细麻，洗得微微发黄，搭在身上隐约透出形体的轮廓，着实是漫不经心的性感。白色连衣裙则只能是属于青春的信物。只有清瘦而封闭的少女才可以衬得起它。

白色蕾丝连身袜好看。白色棉袜已不适合，不再戴白色的帽子。白色埃及棉床单。珍珠耳环。此外，白色已很少用。但一直喜爱所有白色的有香气的花，例如白色铃兰、绣球、玉簪、茉莉、玉兰、栀子……白色花朵也许是一种内心拥有洁癖和理想化的象征。

＊

泛滥的感情方式，不严格区分对象，只以获取难易作为是否进行的指标。对待不同的人，所给予的内容完全重复。是一次批量化生产之后的零售生意。润滑一些的方式，无非是让不同客户拿到这只被复制的点心盒子，产生为自己特制的幻觉。

始乱终弃。以满足欲望为前提，不管这欲望是虚荣、寂寞、爱欲、证明还是其他。这何尝不是一种乏味而肤浅的恋爱方式。无法视对方为独特个体，因此也无法获取来自对方的源泉和力量（也许这是不需要的东西。他们要的只是乐趣）。

把对方视为猎物，忽略人的内在生命，以占有和征服为目的。低级的方式决定这关系没有创造力，不具有可追索的深度。是对生命能量的贬低和浪费。

有些感情显得孤僻或沉闷，却是真正的珍贵品种。只针对某一类具体对象，需要很多条件才能生发。单纯，专注，坚定，刚硬。可以在时间里存在很久。可抵达的深度无可测量。（只有高级的感情方式，才能让卑微个体得到超越自身的可能。）

有人送来一盆兰花，说是墨兰。放在客厅，满室清幽芳香。就花的芳香而言，桂花有烟火暖气，栀子浓烈执着，茉莉略带软弱，牡丹和月季甜蜜腻人，金银花澄净但过于易得。兰花的香气清幽悠远，令人心生向往。

小时候熟悉普通的江浙兰草，跟着大人春日里去僻深山谷挖掘，觉得它是朴素而又心地高远的花草。现在兰花被开发出很多品种，有些被炒作得价格昂贵。这已远离它本意。兰花脱俗但不避世。不骄矜，却着实清高。

*

阅读手写来信。熄灯在暗中看窗外霓虹。雨天读书和入睡。下雪深夜与人相约咖啡店，步行前往。住在别人家里，睡他们的床，吃他们给的食物。焚香。沏茶。听戏。在剧院闻到身边人衣服里的淡淡香水气味。一起牵手入睡。寒冬街道上为他俯首点燃香烟。略有些醉。

如此种种，皆为生之愉悦。

*

一些人喜欢故作兴奋状，五的事情，觉得有十那么多。一些人喜欢内藏自己，十的事情，觉得不过是八。我倾向后者，这样可以保持平静和后退的余裕。

他们在房间里高谈阔论，我在院子里看着三棵杏花树，抽完一根烟。心里仿佛完成了一首诗。天边晚霞已落，不如找个地方喝酒。

一年多未见的朋友从外地来北京，相约见面。他带来两条小女婴穿的布裙，聊了书、旅途、工作、画册，交流平时积累已久的想法。暮色降临，去云南餐馆吃饭。见到从无在超市里有售的石榴汁，是在新疆旅行时畅饮过的好喝的饮料。原来是店老板从新疆专门运来。即刻要了一瓶。这样的小细节足够让我愉悦很久。

之后在鼓楼附近的巷子里散步。路边槐树开出一串串白花。低垂的圆锥形花序，远望如同盏盏小灯笼。他说槐花可以吃，找了较低矮的树枝，摘下几串与我分食。那花朵洁白、脆实，小蝶形状，放在鼻端能嗅闻到沁人芳香。清爽的甜味应该来自绿色花蒂处。

他说童年时，山里的孩子把槐树花当零食吃。花期时，爬上大树摘花，分吃。我只知道杜鹃花可以吃。小时候与大人一起进山，他们砍柴，在山道上憩息，摘来杜鹃花，吃它的花瓣。一串红也可以吃，花根处的清露甜得如同蜜水。拥有过吃花朵的童年，是否也算是一种共同经历。

＊

淡如水，相见欢。告别之后，还有余味。

所有的事情都要付出代价。安全要付出代价。不安全也要付出代价。

＊

决定带它回家。一只描绘有饱满花瓣的蓝墨莲花的白碗，那花看起来离堕落还有些远。不用它来喝茶，用来点香。

*

对女人的头发气味敏感。她们用洗发水清洗头发，转身而过的空气散发淡淡芳香，仿佛触及到她们隐秘的肉身，如此亲近。男人的汗液也是如此。如果爱着一个男子，你会爱慕他每一寸肌肤所散发出来的气息。睡觉时，把头藏在他的腋下，紧紧贴着他的骨骼和皮肤。后脖的皮肤，耳朵，头发，手指，需要无限靠近才能闻到的气味。一种肉身的沉沦。

但爱之入骨最终不过是一种妄想。来源于我们与童年永久的告别和隔离，曾与母体合而为一的心存眷恋。即便相遇，相知，热爱，痴恋，人与人最终会彼此分隔。某种被迫或自发的叛逆和独立，让我们失去与对方的联合，无论是父母还是爱人。

如何能够与我们所依恋的对方成为一体而永不失散，这强烈而深沉的欲望，渴求的一端是执着，另一端是恒久的隔离和孤立。

性，最主要的目的不应是欲望宣泄，而是感受到自我存在。这光束般锐利而照耀的存在感。我们所做的一切事情，最终目的不过是为了感受自我存在。身体交融的积极性，在于迎接和融合进入身体的陌生热烈的能量。在放弃控制的同时，获得与宇宙的深邃合而为一的可能性。这种接纳感充满平静，并令人心生感激。

脆弱、渴望、液体、融合，都是珍贵的东西。很难被轻易得到。超越自身，踮起脚尖，试图去触摸一处高远的存在。那个踮起脚尖的动作，是重要的。

用肉体去记忆一个人，远比用语言、理性、文字、情感，去记忆一个人，要鲜明得多。后者是沙滩上的城堡，即使庞大，璀璨，却一哄而散。肉体像匕首。说了许多，想象了许多，衍生了许多，追究了许多，只是对镜映照。很久之后，我们淡忘了互诉衷肠的人。而那个尝试用全部身心去叫醒和摧毁我们的人，却被时间推到前面。

他像一把匕首一样牢固。用他的肉体，对你说，我曾经这样爱过你。

    *

街上露天咖啡座。极为标致的年轻女子。皮肤、身材、装扮都在其次，吸引我的，是她举手招出租车时露出未剔除干净的细微腋毛痕迹。还有赤裸手臂上几处花瓣形状的牛痘印记。这是她身上强烈的部分。如同进入一个陌生人的家里，未进入布置妥当的客厅，却先贸然闯入还未收拾干净的卫生间。

公寓电梯里很少碰到其他人，空气中常有气味各异的香水芬芳停留。这些来源不清的香气，使人产生一种想象。仿佛不可得到的带有憧憬的爱恋之心。

*

清明若在古代，除了祭扫便是游玩。头上戴杨柳枝编就的花环，倾城出动，划舟，荡秋千，踏青，放风筝……尽享春光。日暮入夜，提着灯笼归家。这种种天真丰盛，不复返的春梦一场。

清明是一年中很显重要的节气。山中扫墓，山谷里杜鹃花一簇一簇开得耀眼，竹林里春笋开始挖掘。扫墓的人，攀折一大把杜鹃花回来。有所哀思的日子，充溢一股莫名的赏玩嬉戏的气氛。也许春光太过完好，天地的无情远胜过人间微渺的生死。

每年春天，顺便去一个江南城市看花，已成为生活的某种仪式。偶尔与人结伴而行，多数独自前往。到了后来，不再思考是否能够找到谁一起去看花，只是随性而往。有人出现陪伴一程，那是额外的礼物。它从来不是理所当然。

今年约了与母亲一起旅行。

*

晚上与 M 一起去看小剧场话剧。剧本内容发生在何时何地，与哪种背景有关，某个演员台词是否说清楚，故事是否像个段落，动用了几类多媒体组合……诸如此类，形式的表达对我这样的业余观众来说，完全次要。我只关心它试图表达什么。即它最终说了一些什么。

在艺术施与受的方式上，人与人之间取向不同，也不必趋同。导演是让人欣赏的工作者，充满清新活力，对戏剧有虔诚。艺术创作要得到的不是认同，只是表达。发乎本心做完一件事情，即是完尽。

走出街巷，背后一对年轻情侣讨论之后去何处夜宵。语言生辣活泼，比台词不知精彩多少。生活充满戏剧感的片段，只是置身其中的人不自知。

*

简单的午餐，她穿了温润艳丽的织锦旗袍来与我相见，并提早静静等在大厅。出于自身骄傲而不需要呼应的慎重，不禁让人为之倾慕。戴一对孔雀毛点蓝的古老耳环。送给我自己印制的王羲之字体的《心经》。

*

万人如海一身藏。当下的心安。

*

　　与六十岁母亲的春日旅行。她有过着意打扮。略烫了波浪的长发，开司米上衣，羊毛薄裙，拎一只小巧的皮包。并且化了妆。他们这种年龄的人，对于出行、拍照、相聚、仪式这样的事情，有出自天性的隆重感。出于一直在小城生活的实用心态，她选择了一双极不协调的白色运动鞋。为火车上两个多小时的路程，准备出一个简易袋子，里面装满水果和零食。

　　如在以往，我会要求她换上皮鞋，把运动鞋放在我的箱子里。再说服她把那一堆零食从袋子里取出。我不吃零食，孩子也不吃，旅途最好行李轻省。如果她不同意，我也许会如同少女时发作小小脾气。但现今，我学习纵容她，接受她做自己喜欢的事。因此，只是默默看了一眼她的运动鞋，伸手取过简易袋子挂在拉杆箱上。

　　火车站人很多。拖着箱子走在前面，母亲拉着孩子的手走在后面。终于落定。孩子坐在窗边，我坐中间，母亲喜欢过道的位置。火车飞驰，窗外掠过空旷田野、绿色山峦、村落、河流。熟悉的江南郊外风景。过往如同前生的事，被隔离在时光背后。如同此刻透过玻璃看到的层层斑斓而隐约的风景。火车提速开动之后，她们入睡。

　　抵达杭州站。出租车候车处，拥挤的候车人流堵满通道。按照这样的速度，轮到上车约需一个多小时。母亲和孩子都很安静。我在几分钟后做出打黑车的决定，只为带她们快速离开这里。火车站里逼仄混浊的气氛，推来搡去的人群，使我有压力。我不愿意让身边这两个女人陷落困境。

索要高价的黑车，只开了一小段路，把我们送到湖边预定好的酒店。母亲对昂贵房价介意，表达方式则采用贬抑和抱怨。走进酒店大堂，开始嘟哝，说没有她以前出差住过的三星级酒店好，不值这么高价格……总之，这些话明显带有情绪，缺乏公正。我以听而不闻的忽略态度面对。

我希望她以坦然的态度，接受小辈力所能及的小小提供。但显然一贯节俭的母亲失却心理平衡。她使用自己的方式重新构建平衡。

　　　　*

房间舒适。已是黄昏，稍作休息。

去一家熟悉的餐厅吃饭。路上有雨。抵达餐厅，要了店家自己泡制的青梅烧酒，与母亲对分。孩子摆弄桌上的小碗勺子，丁丁当当玩耍。母亲坐在对面，容色有些消沉。某种孤寂如同爬藤悄悄攀上她的内心。我有敏锐的察觉，但决定忽略，如同忽略她不相衬的运动鞋，缺乏公正的抱怨，忽略孩子玩耍发出的任性声响。保持沉默，喝下杯子里剩余的酒。

饭毕，母亲坚持把剩余的菜吃掉。走出餐厅，在路边给孩子买了一个氢气球。孩子兴高采烈地牵着它，但很快，不小心放松绳索，气球兀自远去。我们三个站在街边，抬头看着它慢慢飞出树梢深处，飞向湖中。

*

湖边一处木结构平台，晚上自发的舞会。有人放出音乐，人群跳起交谊舞。母亲跃跃欲试，说这个舞步她也会。我说，你去跳。她略带羞涩，推搪一番，才把手中的拎包递给我，脱下外套，即刻身形灵敏汇入人群中。很快放开自己，神情自如地跳起舞来。夜色中的西湖灯火阑珊，山影起伏。空气中有树叶的香气，水波的腥味。幼小女童无所禁忌，不等大人指令，早已天真烂漫挤入人群，一边发出咯咯笑声。清脆的笑声仿佛会把空气撞碎。

我等在旁边，手里抱着母亲的包和外套。看着她们两个尽情玩耍，一时有些恍惚，眼角渗出泪水来。这个老去的女人是母亲。这个生长的孩童是女儿。

母亲这时转身回来，说要回去休息。她已觉疲倦。孩子活力充沛，恋恋不舍，仍顺从跟随大人离开。沿着湖边小径，走向不远处的酒店。樱花树已开到花期末端，累累花枝，花朵即将折堕。白色花朵在幽幽灯光下发出光芒来，压弯的枝条俯向夜色中的湖面。

*

清晨早起。想走去室外喝杯热茶，呼吸新鲜空气。母亲换上丝质长袖衬衣，搭配珍珠项链。那双白色运动鞋仍不相衬，但她执意服从对舒适的需要。女童兴高采烈戴上纱质大蝴蝶结发箍。一老一小，手拉手走在绿树成荫的湖边青石板路上。

湖边一家早早开门的咖啡店。挑选面包，给孩子要了橙汁，给母亲点热豆奶和鸡肉沙拉。

整个咖啡店只有我们一桌客人。之后又进来三人，也是母亲，女儿，小孩，一模一样的组合。看样子这个形式很常见，三个女人一起出门旅行。母亲示意我把放在椅子上的包递给她，这样可以给坐在旁边桌子的她们让出一把椅子。她照例把食物全部吃干净。走出咖啡店，决定坐绕湖的旅行车。

这是轻省普遍的旅行者路线。坐车，中午在楼外楼吃饭，点西湖醋鱼和莼菜汤。回返时打不到车，孩子却熟睡。我抱着她等在路边，母亲替我去拦车。下午去湖里坐船。黄昏时抵达杨公堤，此时再无办法打到任何一辆出租车。只能在路边上了公车，先让它把我们带到武林广场，再想办法打车回酒店。

困境无疑总是会出现。公车上孩子再次入睡。她长得结实，抱着她很重，只能勉力支撑。这样的时刻母亲已无法帮助我，我现在连一只重包都不让她拎。下了公车，穿过大马路的天桥。这一段路程我格外吃力，一直保持默默无语。沉默使我觉得放松。

回到酒店休息。母亲习惯仰睡，换上棉质睡裙，垂落下长发。从小在海边山村里长大的母亲，身体健壮，头发依旧浓黑茂盛。我默默观望她。她手和腿的轮廓，她的身形，面容，头发。小时候看母亲在镜子前梳头发。她极爱梳头。她做了旗袍穿。她爱佩戴首饰。她的确是一个给女儿做了榜样的母亲。哪怕在感情百无聊赖的时候，她也在梳妆。

年轻时她是勤力而爱美的女子，享受俗世内容，饱满的烟火气息。现在成为手上皮肤日益收缩乏力的妇人。

父亲去世之后，寡居十年。但也许从二十岁结婚起，她就沉浸在孤独之中。与父亲不和睦，相处时多冲突。她用工作、劳作、坚韧和乐观，对抗自己的命运。但这孤独并未改变。我曾问她，是否需要再找一个伴侣。我希望她有男子相伴。母亲说，要找到一个有情义的男人，哪里有那么简单。

骨子里她有某种刚愎自用，也很倔强。需要别人做出证明，自己才能付出真情。这种特征通常出现在用情强烈的人身上。因为他们会为自己的感情吞服种种苦头。母亲也曾说我对感情太认真。她暗示我这是一种吃力不讨好的方式，对等的人会少。

她说，大多数人无法匹配也不能承担这样重的感情。最终它会回来伤害你自己。

感情嘛，她说，还是淡一些好。淡淡的就好。

*

买过一件丝绸上衣送她，是她素来爱慕的紫色。江南的女人偏爱丝绸。很多年前，为了某件重要的事情，需要托人和送礼，母亲带我去百货公司，挑选昂贵的丝质衣料，一匹匹抚摸，挑选，满心欢喜，即便买的衣料是为了送予他人。母亲很少穿，最终是因为怕花钱。她有很多这种模式的行为，为避免麻烦别人或不降低自己的尊严感，违背自然的心意。这个模式也曾给予我很深影响。

区别只在于她始终坚持这个模式，而我在克服障碍之后，觉得放心把自己交予别人，让别人待自己好，也是一种美德。这是一种信任的能力。

她爱美。在一老裁缝处做过一件合身的旗袍。材质是混纺的，并非纯桑蚕丝。后来穿不下送予我，我收进樟木箱子里，一次都没穿。箱子里保存着父亲去世前穿过的汗衫、孩子穿过的尺码在变化的衣服鞋子，以及属于我自己的几件有纪念性意义的衬衣和连身裙。其中一件衬衣是走墨脱时穿过的，洗过之后还能摸到泥土的质感。衣物是贴近的信物。

买下那件昂贵而漂亮的上衣，心里想到，即便买给她，她人概也不会穿。这不过是我的情结。我总觉得女人身上最可惜的不是年老，而是被辜负被压抑的天性里的柔情和美感。

*

清晨母亲早早醒来，躺在微明曙光中与我闲话家常。这是她习惯的方式。在我幼小时候，她睡前醒来的聊天对象，通常是她的母亲或姐妹，现在则是成年的我。她说话绵绵密密，兜来折去，不过都是日常琐碎，不过是无事。而这言说的过程却让人心里安稳。我二十几岁离家出走之后，再未有人用这样的方式对我说过话。

孩子与外祖母在一起的时间稀少。从出生到三岁多，一年相聚一两次。母亲第一次看孩子，从机场直接赶到医院。我刚做完剖宫手术，手腕上插着输液针。她抱起孩子，哆哆嗦嗦，不知如何才是妥当，已全无经验。但那应是她觉得幸福的时刻。孩子三个月之后，我抱着孩子坐飞机回去看她。几年的断断续续，其间过程都被空间相隔和忽略。

现在这个活泼机灵的幼童，不再要求被抱着走路。大人也吃力于抱着她再多走一段。她们牵着手一起走路。

刚怀孕时，母亲对我说，生下一个孩子来，看着孩子像花骨朵般一天天长大，开放，那是十分美好的事情。后来我知道她大部分说过的话都是有道理的，都是对的。

从小对我有一些教训，比如家里没有地方给别人住，不要问客人怎么住宿。没有食物给对方吃，也不要问询对方怎么吃饭。别人对你有三分好，你要还出七分情。要给对方交代，不增加对方麻烦，尽量增益对方……种种小的事情都是必须要做的。以善意和方便给别人。这些朴素的道理她给予我，言传身教，我没有忘记。

日夜相处。吃饭，走路，睡觉，游玩。三天后分别，我跟她说，这样的旅行以后争取每年有一次。母亲高兴地应允。给她买了回去家里的高铁车票。我和孩子要去机场坐飞机回北京。早上，天气突变下起滂沱大雨。母亲本可以在酒店休憩一会再去火车站，但坚持跟随我们一起出发。

司机开到火车站附近，说无法进去，堵车要绕很久，希望母亲在路边下车，步行五分钟可到达车站。我看着大雨哗哗作响，很是担心，但也知道出租车的确无法冒险进入里面，因为会被堵塞。母亲安慰我，说，她去路边的商店购物，过一会再走去火车站，因为时间尚早。车子停在路边，她与我和孩子道别，撑开伞下车。

车子开动，我往后看玻璃窗，看到她撑伞站在马路边的身影。她穿着白色运动鞋，拎着食物已被吃掉不再显得沉重的简易袋子。没有挥手，只是一直站在那里。大雨模糊我的视线。车子很快开上了高架桥。

*

二十六岁，我在上海。他唯一的一次探望，带了一个司机驱车前来。我做了一顿晚饭给他吃。当时独自住在北京西路租来的老式公寓里。他并没有和我说很多话，饭后坐在床上，默默看着我在小厨房里洗碗。我孤身一人，做着一份网站的工作，继续写作。生活的独立和艰辛在推进。我这般倔强，不想也无法体会他内心的无奈。还没有能力做到怜悯。怜悯一个父亲心中对女儿的担忧和不舍。

在车站我们有多次告别。我回了家，又坐车去上海。他在快速移动的人群中伫立，对我挥手，脸上有克制的哀伤，站在那里久久不去。在这个苍茫的人世，还会有谁一直等着我，又会有谁这样忍着难过甘心让我远远走掉。我带着行囊在这视线中默默转过身，不曾想过某一天有诀别。

奥修说，死去的人，将在他生前所爱的人身上收回他的能量，这些能量会被他带走。因此，那个被爱着的人，会感觉到自己的身心被挖掉一块。这一块区域将始终是空的，是匮乏的。

在太平间相对度过最后一晚。大雨滂沱，他的肉身将在天亮之后化为骨灰。我的身心有一种空无。一种渐渐陷落的明净的空无。他收回放置于我身体之内的情感和能量，与我告别。

我不知道他去了哪里。我们是否还会重逢。唯一确认的是，他以自己的方式爱过我，在我的血液里留下悲剧性的烙印。这些黑暗的质素缓慢流淌，一刻也不曾停息。仿佛一种强悍的无法屈服的意愿。

我们最终所得到的训练无非是，面对无所知、无常、虚妄，时时抚平心绪，保持警惕、平静、坚强、有方向地生活下去。并且静观这个世间所有破落的碎片擦身而过。

*

早晨八点就开始坐在咖啡店里用 Ipad 看无聊国产连续剧的女人。坐在角落里，桌子上有大瓷杯的拿铁咖啡，戴一顶讲究的巴拿马式草编礼帽。我听着那连续剧发出来的噪音，不禁暗自猜想，她的生活隐藏着一种怎样的匮乏。

*

梦见与人进入一个集市。手上的白玉镯子居然被水泡烂，一段段剥开，软化，腐蚀，精细入微的雕纹，全都剥脱下来。

*

公寓楼前建起一座小公园。暮色深浓的黄昏，夜色中，很多孩子和成人汇聚到此。他们游戏、玩耍、散步、打球、闲聊、荡秋千，欢乐声响起伏。一条起伏的圆圈形道路适合跑步，路边长满茁壮的鸢尾、薄荷、波斯菊，随季节更替而开放。人的生活需要公园。它为日常生活提供一处停顿。停顿意味暂时没有心念，没有目标，略作小憩，与己共存。

山坡上薄荷草蓬勃生发，用手抚摸过它密密排列的细小紫色花朵，在指尖嗅闻到叶片辛辣清凉的气味。事物只有在恰如其分的位置上，才能显示出它们独有的美感。没有隔离，也没有判断。心此刻是完整的，融化边际，与万物浑然一体。不生不灭，不垢不净，不增不减。这即是没有缝隙和缺漏的圆满。

纳博科夫自传。《说吧，记忆》。临近结束的一个段落。

"我每每想起我对一个人的爱，总是会立刻从爱与温柔的核心——我的心脏——画出半径。那半径很远，很远，可达宇宙的尽头……是永恒的深渊，你一掉落就万劫不复了，是无知之外所有不可知的东西，还有绝望，寒冷，令人头晕眼花的漩涡，以及空间、时间的互相渗透。这是一种我怎么都改不了的坏习惯，就像一个失眠的人会不由自主地用舌头啧啧轻弹，在口中的暗夜里检查一颗有缺口的牙齿，即使舌头擦伤了，还是停不下来……"

人如此热衷于爱情，但如果所谓狂热的爱情其实并不存在，那将如何。一个可见稳固的城市，有了 Google 地图，可以搜索到立足点，确认方向，抵达计划中的目的地。人见不到自己的心，心却掌控一切。如果不知道什么是爱，该如何去寻找。

很多事情，往往说得越多，越复杂，越不清楚分明，也越来越不彼此亲近。不如在起初，你在旁边，默默看着我，我心知你在看我，转过脸去，把眼睛微微掠起看往远处。那里有夏日夜色中的树枝，灯火星星点点。这一切令人心生感激。仿佛此刻的距离是彼此最为亲密的永恒。

什么是爱。爱，不能说。说出来的都有偏差，被两个人的观念撕扯，失去完整，也不再单纯。爱没有形状，没有性质。它是一种体会，带着禁忌，那是神赐予它的深沉。你以为你知道什么是爱，但它不是人的声音能够发出来的。

*

杏树开花时，雪白枝条风中轻颤。他在诗中提及，旧日与友人在树下相聚，饮酒，吹箫，穿白衣的少年后来亡故。月光下白色花树和衣衫，何种盛景美况已无法得知。很多年之后，他在遥远异乡的巷子里走过，酒馆灯笼未熄灭。他成了另一个时代里的人，不写诗，易喝醉，只远行。

春光易虚度，不如早早相逢。

*

抽烟，吃巧克力，喝绿茶，跑步。写作时期经常做的四件事。

偏执人格有一个特性，觉得什么东西都是迟早容易败坏的，因此用力使用，使用过度。他们从不懒惰。做尽可能多的事情，并尽早做完。

*

离开这座城市，坐车去往机场的路上。或长或短时间之后，又若无其事地回来。与其说回归一个城市，不如说回归在城市之中的一个房间。退后一步，与自己同在。安睡、走动、不说话。最终人所能找到的归属，只能来源于平衡而自足的自身内部，而非外物和他人。

凌晨做的一个梦。俯瞰的视角，大片金黄色田地，夹杂花树，看起来甚为美妙。试图拍下几张照片。并不知道是在哪里。然后场景变化，进入一处封闭逼仄的通道，有窄小台阶盘旋而上。不见天日，潮湿肮脏。这样的通道以前在梦中也见过。不知道象征什么。

看完成濑巳喜男的电影《浮云》。故事看似没有希望，表达出男女情爱肉身中腐烂不堪的部分。

感情在男女生命中的地位不同，这由生理性和社会性决定。在电影中可见，对现实呈理性态度的男子，不断地退缩、背叛、妥协、放弃，如同幼童般肆无忌惮无担当之意。对感情飞蛾扑火的女子，原本可以独自存活，却对熄灭的烟火大会充满留恋。拖拖扯扯，直到万念俱灰。

这电影可以成为了解男女情爱心理的分析总汇，但并不悦人也无鼓励。最终不过说明，男女属性不同，无法在灵魂层面共存。肉身的痴缠又能维持到几时，这具躯壳终会有衰老病弱和命尽的一天。

微妙部分在于，它对诸多缺陷、丧失，流露出一种坦然的承当。即便是一段不伦恋，结局不堪，黑白基调中也有一种清透的理解力。其底处是一种怜悯。那些愿意把真相道出来的人，是不惧怕世间腐烂尸身的人。

天气沉闷。完成一个稿约，继续新作。先投身进去，在过程中再逐一解决问题。饮食控制，喝了非常多绿茶。是京都寺庙的师父上次见面相送的宇治茶。干爽的芳香感与中国茶略有不同。

单纯而连续地写。在内心慢慢琢磨、改变、调整，像做一幅刺绣。如果能训练自己保持这种恒定，那么，有一天我会知道空的含义是什么。

*

　　清晨走过花园。年轻女子身着标致的短裙，穿紫色丝袜和将近十公分细高跟的鞋子，蹲在地上与一个小男童在玩汽车模型。

　　路边无名的小公园，在一架低垂的紫藤花下小坐。花开得已略有些颓，嗅闻到一串串花瓣黯淡的清香。前面是老树及幽幽的花园小径，有几只喜鹊在叫。无所事事的十分钟，花下独坐，微风光影。令人觉得极为舒适。忘记一切，又与一切同在。

　　M说，如果有人能够理解你，那么即便与你待在房间里，也会如同在通往世界的道路上旅行。溢美之词。夸赞女性是男子的美德。这句话的表达方式特别，要把它记录在小说里。

　　我觉得自己有时是一个乏味单调的工作狂，一个不够有女性情态的女人，一个会过于理性的人。理性是控制，也是界限。年少轻狂在逐渐过去，所幸的是它们都曾及时地发生。

　　"春眠不觉晓，处处闻啼鸟。夜来风雨声，花落知多少。"这首诗里有一种安然。走到哪里，遇见什么，排列有序，来去有方向。它被归纳在一个大的背景之中，并非我们胸中那颗脆弱的处处受限的心。

　　花树下酣睡一觉，以为度过了一生。醒来后拍拍衣袍，起身即走。

*

对待一些事物，有时除了但笑不语，的确已没有更为妥当的方式。

*

白陶罐盛上清水，插上初绽的桃花枝。唯愿无事常相见。

*

他说，你孤独吗。她说，我很孤独，非常害怕，觉得自己无法幸福。我在想是否还有真的爱存在。

这段旁白发生时，法国女演员于佩尔饰演的孤身女子正独自在海上游泳。她漂浮于海面这么久，以至路过的人以为她已死去。终结旧日生活，带一只行李箱，奔向遥远而陌生的他方，寻觅到一座山顶旧屋停留下来。远眺大海，独自存活。整部电影看起来更像一个小说。

孤独是现实中无法被承认的事实，只能在思想中发生。法国人对待孤独的态度如此真实，那也许因为他们更懂得自由的真谛。

解脱者指导我们，时刻活在当下。珍重对待眼前和手中的这一刻。眷恋与执着是徒然，变动与破灭则威力巨大。沉溺其中不过是一种懒怠的放纵。需保持警惕的抽离，重复练习不被回忆、惯性、人性的限制所束缚。适当地，及时地，把它截住。果断，分明。多情和无情都是一种修行。

要尽可能快速地清除内心被各种细微本能的念头和情绪所染着的阴影。分秒地清扫它。不断清扫。

对待事物最好的态度，不妨如同击球。当下接起并快速打回，此间没有犹豫，也无期盼。只做这一刻所面对的不可选的唯一的一件事。现实是飞速旋转而来的每一次重击。没有过去，没有未来。只有回应、承担、结束和忘记。这是完成。

*

黄昏。她穿着有金鱼图案的棉布裙子，短短童花头，在花园的蹦床上用力跳跃。矫健如同一只小兽。我站在一旁长久观看。

*

不必一一追究，我对她说。因为从来都不存在历历分明。

*

有时又为何强迫别人向你服输。让他远去，在生命途径中逐渐自行了悟。这种发自内心的反省和惭愧，才是沉痛的。留一些未知，留一些余地。不说明，不追究，不辩驳，不戳穿。做到这样，更为彻底。

时间终究强盛于一切语言。并且越过人微小的作为。

*

"当人循着一条山路走时，只消走错一步就会滚下山坡。一种精神学说的基本目的，就是永远处在高度的警惕之中。注意力和机警，就是精神生活帮助我们开发的基本品质。理想的境界乃是同时完善地既宁静又警觉。"摘自马蒂厄。

保持警惕醒觉。如同一碗水置于头顶让它于变动中保持平稳。

探索自己，最终是为了忘记自己。

半夜悄悄开启门扉，与野猫一起越过夜色小径，看顾月光下盛开的海棠。白色花瓣在大风中急坠，如同落下一场春日疾雨。随兴而归。倒头即睡。

荷亭听雨

天气日益热起来。买大盆栀子花和茉莉，放在客厅阴凉处，睡觉时芳香于枕边嗅闻而至。午后的雨，声响大，很快就停。午睡之后吃樱桃。黄昏天边时有彩霞。深夜青蛙叫声忽远忽近。女孩纷纷穿上碎花连衣裙。夏日已至。

写完三章。章节基本可用，到时只需要整理、修改、修饰结构以及增加专门描述和论述的部分。整理出一些资料。有大堆文字在后面垫底，这部分工作可以细致从容。写出整个故事还是重要。搜索一个地点，搜到很多有趣的东西。了解清楚一个地点。

下午女友G来做客，带来荔枝和西瓜。吃午饭，小坐。泡茶的壶，绘有腊梅朵朵。青色杯底一尾白色小鱼，鳞片雕琢得分明。几撮褐色细小茶叶，倒进滚烫开水，浇热紫砂壶。一壶茶，清醇温润，从喉咙到胸底。只感觉身体里枝枝节节打通舒畅，浑身酥软放松。

小瓷杯喝盏茶，见面喜欢，话不敷衍，一切刚好。能否风生两腋倒是其次。天气热，换了轻薄的衣衫，觉得人也精神了。

一起喝了三种茶，明月光，普洱，腊梅。黄昏时她告辞离开，不过是闲话家常。

*

肩背酸痛，晚上绕后海徒步一圈。是长时间未曾有过的步行。一些事有人共做，散发出不同意味。独自用餐和一起吃饭，单人旅行和一起旅行，独睡及共眠，其间对食物、风景、时间的感受会有不同的深度。

现在的我，不再如以往那般热衷单人旅行。伴侣之重要，是带来开放性、两相对照，与外界的交会因分享和交流获取更多感受。适宜的伴侣让心呈现出敏感而丰富的层次。有效关系的确立，让存在感更为强壮。当我们与爱的人在一起时，自我会更为锋利、轻盈、有力、清晰。反之，则是一种浑然不觉的混沌与麻木。

演戏可以彩排。写作可以隐藏。在演戏、写作中，我们获得机会拥有另一种人生的可能性。在虚设的空间里，一切获得崭新机会。或许遇见一个能让你发出清脆笑声的男子，与他生养两三个孩子，听他用树叶吹口哨，跟随他去天涯海角。你一无所知，却欢喜地仰起面容，让他抚摸发丝，亲吻尚未旧去的清润眉眼。又或许，在一条夜色的河流之中，放下一盏烛火，在心里默默许下愿望。烛火熄灭，又再次点燃，漂流远方。某些瞬间，那是令人落泪的肌肤和誓言。

这样的彩排在错落的时间里上演，仿佛可以一再修正，一再转换，一再终结和开始。但你我都知，真实的人生从不允许排练。一上场，大幕即揭开，观众已在台下。

在人的一生中，我们看起来主动和有力，却从未被允许得到选择和做出决定的机会。

*

晚上看古典乐府形式的戏剧，印象深刻的一处是女子击鼓独奏，面涂白粉，无表情，韵律有致。歌伎的一处独唱。总体而言，是静中发力的表演。幅度不大但意志坚韧。

坐在剧场中，想起一些人，心里无限愧疚伤感。仿佛是被命运限制所带来的不得已的疏离。

*

M与我相同，都是觉得与外界不甚融洽的人。区别在于，他始终对抗这种格格不入，说起一些人与事，不免心有对抗。我则全盘接受，分别心消失于对事物的重新认识。当人接受自己的本性所在，便生发出柔和与自在，不再生硬。但即便如此，仍不代表我在世间获得与俗世生活打成一片且优游自若的能力。

我依旧时时觉察到自己与它之间的隔膜。觉察到某种隐秘在内心深处的不知所措和不合时宜。内心的价值观不免孤立。这些情绪和感受，在《春宴》的写作之中得到充分的表达。仿佛是对这个世间发出的某种微弱的信号。（我是否在隐隐期待某些相同而小众的人，在阅读之后给予我互通的应和？只为他们听到这声音。）

南宋孟元老《东京梦华录》里有幽僻的小段，在书中一笔带过：是月季春，万花烂熳，牡丹芍药，棣棠木香，种种上市，卖花者以马头竹篮铺排，歌叫之声，清奇可听。晴帘静院，晓幕高楼，宿酒未醒，好梦初觉，闻之莫不新愁易感，幽恨悬生，最一时之佳况……描述的一番盛况美景，成为半梦半醒之际日益消逝的歌叫之声。渐行渐远，失去踪迹。

打开泛黄书页，跟随孟元老上路，进入一座他数十年烂赏叠游莫知厌足的城。从清晨到日暮，从郊外到城中。一年四季轮转的时节和仪式，吃喝玩乐日常生活的细节和铺陈，食物之丰富，物质之繁盛，人情之和美，节物之风流，如何说尽，如何道明。东京汴梁。它的富庶华美烟火人间，在一个有着悠悠浪子心的文人笔下，得以用微型干燥的方式存留。虽已无人可触及它过去的生命。

南宋时，汴梁的景况已不堪回首，"新城内大抵皆墟，至有犁为田处。旧城内麓布肆，皆苟活而已。四望时见楼阁峥嵘，皆旧宫观寺宇，无不颓毁。"一千年后，它被反复洪水洗刷埋葬之后，成为深埋在泥地之下的一具残骸。身上的锦绣绫罗丝线根根断裂。血肉与情爱俱化为乌有。与其说，在书中寻找的是一座潦倒古都，不如说，在其中寻找一缕被废弃被摧毁的文明。

以前有友人对我说起看到奇景的状况。山道上遇见清晰而又无可触及的景象，望之，内心惘然，继续上车赶路。半途只觉得越来越牵挂，又再次折回。欲细看分辨，华丽市景已消失无踪，徒留一片平原。我读这本书，内心也有这样一种无从归属的惘然。不知如何去留，不知家乡在何处。仿佛只看到回忆中海市蜃楼的世界。

他是时常出入瓦舍尽欢，对世间烟火之美充满热爱和敏锐的男子。没有人比他更懂得及时行乐秉烛夜游的真髓。内心的火焰，即使在时代变迁和流年辗转中，也无法忍受其默默熄灭。于是他决定写作一本书。置身其中无旁骛地回忆一座城。密密麻麻，谨慎齐全。单纯如童年，空旷如命终。

那座城，成为不羁人生的最后一个幻梦。

＊

每次走过雨后的花园广场。湿漉漉的草地，露珠在月光下闪烁微光，呼吸似乎可以抵达胸腔最深处。我们在与人的交往中，稀少获得相融而渗透的感受。繁杂而表面化的交往，是饭馆里味精过多的菜肴，商业街上的顾客盈门，宴席结束后一地的垃圾和余烬。

黄昏有时显得时辰长。妙不可言。

仿佛身体内什么东西被释放掉,它在远去。如果有作用在发生,人会觉得疲倦,会觉得轻盈。身心在默默中独自翻越过重重山岭,只是穿行时并不知晓而已。

不管来或不来,人之等待只是为了让自己安静有力。

*

不喜欢任何要强力证明或者试图保存的东西。在水中写一封信。一边写一边消失。要相信水。它熟知一切,却不要求证明。

务必清除掉留在世间的任何人为痕迹。烧信,烧日记,删除文件,清空回收站,不告而别。

*

与台湾出版公司的编辑在 MSN 上遇见,谈论出版、写作诸多话题,我说起若干疑问。《春宴》推进,一直觉得很有挑战。内容深切晦涩,如同要开始独自爬一座高山,山脚下先兀自踌躇。我希望写出一部全新的小说,即便它有些颓废,写法颇为任性,倒不顾虑读者是否会读通。只怀疑自己是否能当起它应该有的重量。

他说，不必要求过高。只要保持能够以一种方式展现独特的自己。一个作者在他所置身的时代，务必要接受考验。且只管写下去，让愿意读之的人群读到它。除此之外无他。

十余年写作，很少有人给予技巧或心理上的指导，一切只凭靠自己摸索和承当。从本质上来说，这些作品均是一意孤行的产物，不完美。也正因如此，可以保持意志和活力，始终处于行进之中。

漫长文字路，周转很长时间，酝酿，推进，琢磨，更改，时间就此打发。仿佛能够以此过完一生。如果可以在一件专注及敬重的事情上用力使用生命，这未尝不是上天赐予的一种恩惠。

     *

晚上独自在小公园散步。花园树木影影绰绰，月光明亮。有人在夜色中练习击鼓，鼓声清扬略显犹豫。

     *

《小团圆》里锋利的比喻和细节处处皆是。很多人不喜欢《小团圆》，觉得看不懂或不习惯，可见作者的立场愈主观和任性，愈挑战读者的心性和经验。以前觉得她的散文写得好，小说里总有某种固执而狭窄的情感特征，越不过沟壑。只是文字依然如锐利精炼的水晶，折射人性种种细微幽暗。

在《小团圆》里，她诚实，叙述坦荡，没有内在评判，甚或有某种自我嘲讽。那也许是年老的心境有了看到尽头的淡然。

傅雷撰文批评张爱玲，说"我不责备作家题材只限于男女问题，但除了男女以外，世界究竟还辽阔得很"。她不屈就，写文对辩，"我甚至只是写些男女间的小事情，我的作品里没有战争，也没有革命。我以为人在恋爱的时候，是比在战争或革命的时候更素朴，也更放恣的。"这段对话可见文学性别的不同，男性的书写倾向壮大的与己隔离的形式（未尝不是一种假模假式），女性则更领会生命和情感的质地。后者显然更有进阶。

那时没有互联网，读写都正式。即便是批评和对答，彼此也形式端正态度矜持。畅销书作家在其所置身的时代都会被从低处评价。但比人为评价更重要的，是文字本身所传达出的意志。如果它足够强硬，即可击破观念和评判，跨越时间的限度。

*

他带我去喝粥。吃了蚬、黄鳝，喝汤。心情愉快，唠唠叨叨。天下起雨丝，又停，走一段路，上了地铁。在地铁车厢里，突然无由紧紧抓住我的手。去酒吧，喝了一杯酒。一直有雨。

*

一些人爱你，但他们所爱的，也许是由你而生发出来的幻象。他们所爱的，仍是自己的心。你不过是一个工具，一个载体。是他们隔岸相望的烟火。

当人毫无禁忌地暴露了自身真实，这些难以轻易示众的潦倒、自私、矛盾、本能……（脆弱和邪恶有时正是一种美感。）彼此反而会产生崭新的联接，并比以往更为坚定。因其中掺杂了承担和救赎的意味。

你看着一个人跌落于自身的破碎和障碍之中，他浑然不知，你无法告知。无法替对方解决在强大的惯性和妄想之中的执着。无法给予觉察和粉碎的能力。（彼此最终是独立的。各奔东西。）不知道该如何改变这一切。

人与人，只能存在于自己的境况，走自己的道路。寻求各自的自我解决。即便在爱恋中，我们也是如此形单影只。

*

需要接受一些世间范畴之中的不合理的阴暗的恶性的内容。允许它存在。不理会，不接应，不相触，即代表不去浇灌和喂养它。

一旦有困难，则会更为强烈地感受到身体里抵抗的力量。一种不顺服。

把摊开的什么都想要的手心，握成一个拳头。保留最单纯的意志，才能重拳出击。

    *

去古典家具及古玩市场，一堆灰尘扑扑的故旧物品，如同隔世相见。

专售估衣的店铺，架子上叠满旗袍衣衫。绫罗绸缎，绝好的料子和手工，花样与现在不同，绮美优雅。以往的人审美胜于今人。旗袍上密密的手工痕迹。富贵人家终究是潦倒了。被消亡了。着过锦衣的肉身灰飞烟灭。人所创造的物时时强盛于人。

问询这些华美旧旗袍的来源，说是北京旧巷子拆迁，老太太们从箱子底拿出来处理。华服领口仍有污渍，腋下有磨损破处。这样的时刻，想起张。照片中穿着旗袍的张，如果活到今天也是一个老太太了。为何对生命看法如此犀利的人却并没有以自杀收场。她一直坚实地生存，直到孤身一人老死在公寓。

这一点以前略觉难以理解。后来想，也许置身于人世的漠然和相忘，对她而言，只是正常，而非苦痛。她因此一边与人不交往，一边在晚年仍热衷华服，注重仪貌。她在人世的立场，只遵循自己的底线，没有谁可以侵扰。唯有金钱是保障，是唯一可以带来与人群隔绝和保持自由的防线，这是她从小就明白和抓住的道理。人则不同。（"人都这样的脏。只要沾到人，就沾到了脏。"）她活在人世，始终自划界限。

"不自杀，是不让那些凡夫俗子得胜。"说了这句话的人，过于注重肉身的完美和精神的高傲，反倒最终跳楼身亡。

深夜十二点左右上床之后，看旧小说到凌晨两点多。睡眠少及压力，持续消瘦。紧张有时令人振作。是否要去看昆曲《西厢记》，需要一个同伴。

　　＊

"如果要做到不伤害他人，前提是不要对他人抱有期待。"

"同时也不让他人抱有对你的期待。做到后一条更为困难。这意味在某些时刻，你必须显示自己真实的立场，而没有一丝自私的隐藏或者造作。"

今日与 M 的一段对话。

在网上长久浏览书籍，订了一些书。下午与 M 一起去大觉寺。凤凰岭一带很美，但之前从未去过。生活中很多事情还未曾体验。寺庙小而幽静，树木葱茏。殿堂留存明清时代的古老佛像，有岁月的沉淀和气度。里面全然没有人气，没有烟火气，只是冷清寂然。花园里的餐厅却人声喧哗。

吃了绍兴菜。喝了白茶。

路上 M 买下当地人街边摊位上所有的莲蓬、莲子、荷花，告别时分了我一半。我把莲蓬和荷花用清水盛起来，并不抱有这些花苞会盛开的念头。

与人连续几次约见。长时间聊天，一次六小时，一次八小时。疲倦，把话说尽，又似什么都未曾说出。有时不免心存疑惑，交流的目的，是为了让对方最终能够"听见"自己的语言。还是说给自己"倾听"，并顺便得到来自他人的几缕回声。

人在成年之后应学会祷告。祈祷是一种仪式，在祈祷时人重新成为孩童。无法相爱的人，无论如何都无法相爱。相爱需要理解，而理解是只能在祷告里获得的东西。也许并没有人真正理解过我们。他们可以欣赏、幻想、期待、破灭。唯独理解总是缺席。

人与人之间极容易发生对立和损伤。但对立和损伤又并不单纯与孤起，总是与依赖、沉溺、恩惠、愉悦、幻觉同时进行。人性之恶隐藏在深处，同时具备一触即发的敏感和强度。人的关系在自私、偏见、惯性、懒怠中产生各种磨损，互相激发。需保持对这变化和成长中的关系的察觉。避免陷入粘滞、执着。避免激发它的恶性。

占有之心多起于需索、不安全及对欲望的渴求。恶则来自对这种渴求的执着。

*

某种力量演示过往的纠缠和过错，让人意识到自身行为和对他人的投射所互相组合的圈套。被我们的黑暗及光明所吸引的人，也许源自我们内在的一部分。

有时，我们爱人，是取悦自己渴望被爱的欲求；对他人的提供，是试图填补内在匮乏的需求；憎恶或攻击他人，是被对方提醒了不愿意被揭示的遮蔽的暗处；愤恨或者狂躁，联接着内心长期积累的软弱和无力……心的飞蛾，扑向火与暗的动力，均来自深沉的幻觉。自我战争不过是冲突于牢笼之中。

*

你可知，肝胆相照有时不过是徒然增加对方负担。

*

花园暮色里孩童们的嬉耍欢叫。年轻女子穿上雪纺裙，裸露出手臂和腿足，茂盛黑发散发出呼吸。露天座的啤酒、聊天，流连忘返。任何气味都在被强烈地蒸发。被充分表达的欲望，其质地是一种清洁。夏天是面目性感而内在天真的季节。

蔷薇好养，生命力充沛，在藤架墙头四处蔓延，浪迹天涯，最终搭成一顶厚实浓重的花篷。茂盛花枝需要在结花苞之前进行修剪整理，易野性难驯。在南方家乡，它有一个家常的名字，七姐妹。花朵旺盛，有时七朵开在一个枝头。常在墙头开得如云霞一般，芳香扑鼻，是老巷子里常见的花。

下午在超市买饼干、面包粉、蛋糕粉、洗发水、橘子。闷热灰暗。出租车堵塞在三环。写字楼里灯火通明，人仍在继续工作。路上滞留的公车玻璃窗后面有陌生人的面孔。城市交通和空气的状况恶劣如此。庸碌生活日复一日。

此时突降一场大雨。狂风把暴雨吹成一层层水雾，倾洒大街。场景壮观。路边等车的行人被淋得湿透，脸上却露出畅快笑容。躲避在路边小店铺的行人，站在窗前眺望。蛋糕店里，有人在临窗的座位上喝茶吃蛋糕。一场偶然邂逅的大雨，产生非现实之感。沉闷的人们有了狂欢节般的解脱。

*

他说，让我看看你现在的照片。她说，不需要。仅凭靠你脑海里的记忆来回忆我。

他说，如果这样，只能够记得你年轻时候的样子。她说，那就一直是它吧。

*

只有在爱的关系里，人才能够得到敞开自我、暴露身心的机会。如同回到幽暗温暖的子宫，得到被容纳的允许。这是爱的美好部分。而它负载的另一面，是被屈从的肉欲，被征服的孤寂，被渴求的贪恋。世俗关系大多由此而起。本来寻找的是回归，最后却视彼此为工具。争夺自由，倾轧尊严。逐渐成为一种毁灭性关系。

九十五岁的以马内利修女说："每个人都期待按自己的方式被爱，每个人都希望另一半能够对自己的期待作出反应。因此，许多爱情关系不过是一些自身出发并且回到自身的行动。"

对他人的需索，成为恐慌；对他人的期许，成为失望；对他人的依赖，成为伤痛；对他人的侵占，成为禁锢。与之相反的是，对他人的容纳，成为安宁；对他人的放手，成为自由；对他人的付出，成为获得；对他人的怜悯，成为宽恕。

我们在这种以爱为名却以人性冲突来获得成长的挑战中获得实践。

*

没有任何一种关系可以被理所当然地索取和伤害。其中包括认为错误全在对方，对都在自己。

一些人自认拥有蛮不讲理及胡作非为的权力，以为手中所有永不枯竭，直到对方的耐心和信任被消耗殆尽。在我们以爱为名肆行无碍的时候，总觉得可以再次得到原谅。直到原谅成为不再有余地的放弃。

关系需要适当控制，适时调整。避免图穷匕首见。除非对方能够抵挡和消解你的刀子，并会把它转化成热能。否则不要轻易亮出本性中的刀子。它若割伤自己，一定也会损毁对方。

*

凌晨三点。搅动的失眠中。闷热。洗澡，喝水。

*

是到了该收拾衣橱的时候。要把所有吊带式的、无袖的、有朋克痕迹的、洗旧的、少女气息的、破损的衣服，清除出去。代之的，是新的、好质料的、有旧年代风格的哪怕是有些昂贵的衣服。如果要见客人，至少抹一些粉底和口红。这是一种礼貌。

夏天习惯穿单色上衣搭配齐腰布裙，这是较为古典正统的风格。连衣裙始终是喜欢的。在裁缝店，用在尼泊尔和印度买的布料做裙子，裙摆打褶，荷叶边，小圆领，是童年时穿过的裙子式样。彼时母亲会在领子或胸口处缝上刺绣的花朵图案。

储存在樟木箱子里的旧信重读。发黄信纸，字句潺潺流出。怪异的感受，在于这些写信的人，这些被写出来的文字，仿佛在将近二十年之后，才能被重新理解，才能被清晰知晓和感受。

里面有母亲的一封信。她在去往遥远东北的出差途中，三张信纸，分别写给我、弟弟以及当时照料我们的阿姨。字迹潦草，但点点滴滴，全然在信纸上落实。包括吃蔬菜，买自行车，各种叮嘱和关照。这何尝不是她生命中重要和柔软的部分。身在异乡的小旅馆，灯下铺开信纸，给两个孩子和家里写出一封书信，传递内心感情和牵挂。看了一下邮戳上的日期，她那年三十六岁。

在我十几岁的时候，我们之间隔膜重重，并不亲近。我少女时期的任性和叛逆，未尝没有给过她辛苦的挑战和承受。

时间很重要。物证很重要。它们使某些曾经被蒙蔽或忽略的情感，在很久之后被澄清和浮出。我也会手写书信给生命中真正重要的人。只为了让他或她，在以后某天终会明白我的心。

*

世间很多事都是预先被放入抽屉。有些漠不相关遥遥相望有生之年无法对照一眼。有些不依不饶纠缠到底从生到死需索无度。不要去期望和等待无关的人与事，他们在自己的抽屉里。只是用全力把自己分内的人和事处理完尽。

*

在医院里，这位中年医生说，凡是疼痛着的，都是正常的，对我们来说，算是好的。我们要注意的，是那些安静的，不会感觉到痛的，但却是存在着的东西。那些通常是很麻烦的。

*

C 来到北京。两个人在闷热无风的街上走了很长一段，决定去吃云南菜。之后他带我去看湖。夜色中大湖波光粼粼，坐于岸边树丛说了很多话。我意识到我们之间的交流，有一股能量互相对应流动并且往上盘旋。也许前世我们曾在寺庙里讨论经文。

他说，你童年时在母亲处受挫，本能上对女性有距离感，也无法意识到自己是女性，无法意识到自己的美。因为这样，跟男人相处也会出现问题。他们即便爱你，也可能会选择把你放在某一个处境之中，只为避免你的伤害力。他们会觉得自己不懂得如何应对你。

他说，你应该闭关六个月左右，不写作，只是踏实生活，感受现实中具体真实的一切。不能身在人间，心却不想进入世间，只把现实本身当作审视的素材。现在必须要让自己与生活合为一体。这改变不难，应该很快开始。

记得与他初相遇也是在夏天。他本来走在前面，身形高大的男子，突然转回身跟我说话，把手里的一把纸折扇撑开替我挡太阳。一边跟我搭话。

连续两晚的《西厢记》。喜爱昆曲。它有一种严谨，唱词，唱腔，身段，手势，行走，都有规则。这传统而古老的规则使它优美，美得体面和严肃。最主要的乐器是笛子，合着蜿蜒吟唱，丝丝融化在空气里。改良是不必要的。改良的局部只显示出轻浪。

不能带十六岁之前的孩子去看昆曲。让他们在剧院里安静地睡上一觉也许可以。这个剧种，适合老人以及有一颗老心的人。

古代中国是地球上的高贵区域，人民充满诗情画意，衣食住行讲究到顶点。看着昆曲，觉得能学会中文享受到其中乐趣，着实是一种幸运。

出租车司机说，西厢记，那不就是骑墙记吗。即使是一出香艳的戏剧，里面的若干细节依旧有感人之处。男子通过动用各式心机和措施，长久地忍耐、追求和等待，终于得到心仪的女子。即使在即将共眠的前刻，还要对女子跪拜，自谦，表示感激，诚惶诚恐。这才是真正的风流姿态。

莺莺的大胆和恣情，与他天生一对。人所选择的爱人，其实是另一个自己。

*

爱不是索取。来自一位 Yoga 师父。

他说："真正的爱与个人得益无关，而是指人与人之间交流的质量。当我们只是想到自己，并算计如何得到想要的东西时，从爱的角度来说就将一无所获。无条件的爱绝不建立在索求的基础上。相反，它是一种给予的体验，一种每一位参与者力争更为慷慨地与人分享的快乐的行为。爱与互相利用无关。它不是一笔生意或交易，也不是一种需要双方的行为互相平衡的计算系统。相反，爱表达的是对于别人福祉的真正关怀。"

儿童节，她在乡下房子跟老人一起种菜，拿着小铲子掘土挖泥。清晨离家，在园子里剪下一朵新开的月季，插在茶杯里放于她的房间窗台。黄昏回家之前，在甜品店里买了一只蛋糕。是店铺专门为儿童节设计的小圆蛋糕，为她庆祝。蛋糕上有一只小兔子，一只小绵羊，一束五颜六色的小气球。

她用小勺挖一口放嘴巴里，眼睛里笑出花朵。认真而小心地挖蛋糕，一小口一小口，都挖在底下。已知道爱惜，不愿破坏掉小兔小羊与气球的完美聚会。

早晨，西装革履衣着整洁的男子抱着孩子穿过花园送去幼儿园。这种场景里男人显得格外性感。同样，女人有时不辞辛劳工作，心有担当，处理事务干脆镇定，也让人喜欢。我总是略微偏向带有中性气质的男女，他们较均衡和完善。

和英国出版商及他所带来的翻译见面。W是长相瘦小的年轻女子，穿着朴素，不化妆，直发披肩，说话的语调安静。她在私立学校工作，有时做文学作品的翻译。曾经常常一个人去旅行，无法想清楚婚姻和伴侣对自己的意义。只跟外国男子谈恋爱。觉得无法跟中国男人做伴侣，是因为"在一起时他们大多会谈论汽车、足球比赛、手机新款等种种与自己的真实生命无关的话题。最终无法沟通"。

月季花朵有碗口大，野心如此明显。只有白色月季显得清淡，适合插瓶放在床头或桌上。也适合戴在发际。

*

黄昏出去散步。路边大桑树结出密密麻麻的桑葚，果实烂熟之后跌碎在石板路上，只有喜鹊啄食。草地上一丛白底带紫的野牵牛，清晨绽放茁壮的花朵，晚上一一收拢。大丽花开得灼灼醒目，如同誓言。野猫侧躺在柏树下安睡。

在一切貌似被动的静静的容纳和接受之中，能感受到一种积极的力量存在。

*

在梦中去过很多陌生的地方。一些形式各异的房子，一些未曾相见的物品，一些陌生的人但彼此并不交谈。那些遇见如同时空中发生的另一个界面的生活。我因此对貌似机械的现实有一种信心，觉得一切均隐藏深深的秘密和可能。

有些梦会让人觉得此刻所见才是真实生活。仿佛陷入梦中才是清醒。

我确信在梦里见到的某些场景，在现实中会逐渐如实发生。随着时间流动最终浮出。它们如同顺着河水漂流而下的果实，落在张开的手心里面。

黄昏时与 L 在线上谈论一两个小时，纯粹聊天的乐趣，嬉耍于彼此思维的游戏。下楼去超市。这个超市离家近，冷气袭人，但胜在方便及人少。结账出门时，外面下起雨。雨点打在脸上非常有力。决定冒雨步行回家。

有莫名的难过，却不知为何难过。心像被罩上一层膜，有时知觉麻木，仿佛一种无法再被损伤的能力，到达极限。想了很多，很久，想通一些问题。有些状况当下承受有难度，但必须承受。

理性是枷锁，感性未免不是毒药。

这几天心里没有安静下来。被拖动，一种不明来意的力量。想知道它最终的意图。如同人群中，突然出现一人，拉住手臂往不明的方向拽走。迥异的观念彼此揪斗，为何如此，是否可强行平衡。伤害的感觉有时还是鲜明。

与 L 说起，我见到过人性中种种差和坏的表现，却在此消极的感受之上，反倒重新生起一股热烈而强悍的信念。相信正直与美的道路值得追索。

时至今日，我的确更为喜欢长久的深厚的恳切的单纯的事物。付出各种代价也是值得。我愿相信它们。

*

与 M 讨论，觉得男人对女人说出比较真挚的告白，不是我爱你，也不是我们结婚吧，而是，我们一起生个孩子。说我爱你，可以是敷衍或表演，自娱自乐的成分比较多。结婚较有诚意，但也不过是一个仪式。只有关系联接了血缘，才可以彼此纠葛到底。因我一直觉得男女如此不同，也许无法达成真正的亲密无间。在情感表达和思维方式上有时反向而走，默契何来。能够拿出来交换和联接的，直接而实在的本能最为有效。

他不表示同意也没有否定。他二十五岁离婚之后，再未和女人结婚，也没有孩子。他说，男与女之间也可以什么都不为，只把对方当作生命的一面镜子。譬如我与你，你会跟我做爱，会跟我生一个孩子吗。我说，不会。他说，正是。但这不代表我们之间无法存在真实的情感。

*

睡觉前，阅读一段圣经。和合本的翻译真是极为简洁、优美、有序。摩西带领以色列人出埃及，耶和华引领，白天用云柱，夜晚用火柱。此段甚美。

池塘里青蛙的叫声。布谷鸟的声音。麻雀的叫声。雨声。

*

三年前，和 S 在三里屯一间小餐厅吃饭。她再堕爱河，形容初交的男友，"仿佛是从天上掉下来。"那时她脸上有光彩。他们一起去旅行，如影相随。三年后，他们分了手。不知为何，初见时我即有直觉。有些事情在发生的初始就可窥见结局的端倪。一开始过于愉悦顺遂，不免暗藏波动的危机。

所有故事都是重复模式。日光之下，并无新事。若给予觉察，它们总是一致地雷同、单调、无趣味，并且有始有终。世间故事没有日新月异。它也说明，个人心目中的海市蜃楼，不过是茫茫宇宙中的一束反射光线。毫无分量。只是我们脆弱的心有时会被它压垮。

幸福到底是什么，它存在吗。有时它看起来如同一句空洞而装饰的宣言，透露出不信任，不安全。也许我们所期待和恐惧的，不过是内心缺失的倒影。

理性一旦出动，事物褪去幻相。黯然失色，势不可挡。妄想的魔力消失，木头仍是木头，岩石仍是岩石。终究是颓败下去的势头。

命运给了人们手里的牌，骰子在它的手里。我们拿着一手仪式化的丰富的牌，觉得很多，以为有了权力，却不知这些不过是被操纵的工具。

起初认为别有天地，最终仍沦落为一场俗套。以为会长久，其实却很短。每个人都觉得手中所得应与众不同，但所有关系只遵循同一个规则前行，即无常。

没有不变的事物。一切都在损坏中，败落中，破裂中，离去中。一切也在准备中，酝酿中，生发中，推进中。这个世界，没有与众不同的事情，没有与众不同的人。所有的人都一样。所有的人都在做一样的事情。只是彼此不知也不说，各自隐藏在黑暗里。

*

失败是有快乐的。屡战屡败，屡败屡战，人生有时被挥霍成一场自我沉醉的表演。仿佛时间不是用来失败，也是用来闲置，如此才证明我们终究是自私和软弱的常人。

失恋，失爱，失婚，其实是琐碎的事，微小的事。无法负担的是认为将会独活的惶然。为情自伤的人，也可以选择强颜欢笑地煎熬下去。终究会有新的人出现，也许没有。终究会有新的生活出现，也许没有。但如果失去信念，在这样的困境里不再相信自己，得不到意志的凭靠，只能堕落于这消失的记忆的回声。

在这个世界上再找不到一个自处的位置，即便是心的一处落脚地。这是他们最终选择为小小情爱事故结束生命的原因。

执着于他人，总有失望。寄托在别人身上的幻觉，不免是破碎掉的泡沫，终究化为湿嗒嗒滴落下来的污迹。穷追猛打赶尽杀绝，只是捕风捉影。有时不能说痛，也不能自我暗示这是一种痛。这是高贵的克制。

只能是为自己而活。它不是主宰，你也不是王。

＊

天气阴潮，即将有一场大雨。去机场。六点飞机起飞时，玻璃窗上沾满雨水。

心念来回，全不重要。事物在按照某种秩序和准则往前推进，不过是追随自己的心，做出努力。偏执是一次次尝试，直到做尽，做够，做完。结果如何，不能控制和把握。这又何尝不是一种坦然顺受。

一夜未眠，辗转三点才睡下。旧书重读，年少时读过的字依然动人心扉。"影子说，你和别人在黑暗里吹笛子。"诗人写出的小说，句子完美如同毒药不可救。真善美之间没有果然没有联接关系。真的，未必是善和美的。善的，未必是美的。而美，有时是偏执的，黑暗的。一半隐藏着恶，一半通向死亡。

"当我们相互看着的时候，我们就是属于地的，命能让我们在一起，也能把我们分开，就像金钱和爱情一样，只有一只手，它盲目地伸着，它要到空气里去，它要握住另一只手。由于不可抑灭的愿望和火焰，我永无得救的可能。"

一九九三年买的书，定价九元九角。有些字当时看过也只是吞食而已。当它能够溶解于心，如同盐消失于水，说明了时间的过程。也许只有自己才能够明了这些时间背后所需要付出的代价。通常这些代价不为人知，也无法言说。

走于刀刃上，一侧是叛逆之心，一侧是屈服和牺牲。

*

清晨六点醒来，头疼。起床去朝阳门办英国签证。被要求拍了新照片。穿盘扣中式棉衫，长发及腰，拍照前抹了一些口红。地铁来回，人群如蚂蚁窜流在城市地下，为衣食奔忙。人之微渺。内心却有巨大的深渊只有自身才可临及。

英国出版商在 SS 举行一个派对。结束后跟 W 的丈夫和孩子一起去云南餐厅吃饭。凉拌薄荷，烈性酒。孩子摔了一跤，他们的反应极为镇定。饭后她推着自行车想一起散步。在北京旧城街道兜了一圈。夜雾升起，说了一些闲话。

W说，她与丈夫在云南边境的旅途中邂逅，结束后决定跟他一起。究其原因，是因为"那时住在小镇，每天早上在房间里醒来，他愿意和我一起躺在床上闲聊半小时，再起身做其他的事"。这个可以在一起醒来时交谈的白人男子，比她大十八岁。后来成为她孩子的父亲。他为她从纽约搬来了北京。

能够温柔耐心地说话，自然是愉悦。倾诉、交流，让人靠近和亲密的通道。对于属性不同的恋人来说，长久不交谈，没有交谈的欲望，也不知该如何交谈，这样，路走到了尽头。彼此的能量无法对等，无法通畅。

人若无法发散和分享自己的能量给予他人，会失去联接，感受到匮乏和孤立。

　　*

她来机场迎接我，眼角微微有眼泪，困倦欲眠。穿过人群，急急走向她，虽然在笑，心里却并无欢欣。她的脸越来越美。她好像还是刚刚来到这个世界的样子。

*

把手中的匕首递给他，把伤疤暴露给他。这个接下你的匕首，看了你的伤疤的人，是可以爱的。

*

此刻你我无恙。我注视你的片刻清净，胜于肉身留存于这个世界的时间。如果能更有力，我要把你背负着带到彼岸。

*

"阿时轻轻将枕边的红海棠花瓶推远一些。然后拔下簪子、梳子放在枕边说，好啦，睡觉吧。昏暗的房间里，唯有花香强烈地烦扰我们。"句子来自早逝的作者。即使在贫乏的年代和处境，文字里也尽可找到诸般细节。美人蕉开花，雪夜，细雨，孤旅，照片里冰霜一般的美……这些细节在童年或少年时，还略可沾染余韵。现今仿佛已被扫荡一空。

小津安二郎的电影，黑白片。朴素，家常，平淡，真挚。与其说是天分，不如说是传统的品质所起的作用。

人有时会觉得在所处的时代里不合时宜，心应该落足在更久之前。但每一个时代都有其特征和任务，仍需在所处的时代里完成自己。坚定而结实地站在当下的这个点上。

下午摘杏。步行入山，大片果林。从树枝上摘下一枚已熟软的杏子，剥开果皮，果肉流动的汁液鲜活芳香，散发出阳光的热度。吃下它的感觉，跟身体完全融为一体。事物需要时机恰好，不早不晚。全然的相遇需要完美的因缘巧合。

摘完杏，和农夫闲聊。他说果实在树上，阳光的温度或突降的暴雨都会给予它影响。每一天它的内在都在发生变化，都在面临无常。所以，及时地摘下并享用它即是最好方式。

*

M 说，你的胸口积累和储存着许多东西，也许是一团极为强烈而敏感的情绪，需要把它彻底消化。勇猛的能量若被放置在一个有限制的窄小空间里，不被释放，它会窜动和冲撞，给人带来苦痛。你要想办法转换和训练这些能量。

他说，写作可以解决一部分，但解决不了全部。你是否有勇气把自己全部拆解。它们可以溶解，流出。它们会带着你的自我流出。你未必会失去它们，也许只是得到与它们同在的一种新的方式。

李安把《冰风暴》拍得像一部台湾电影。人物都是美国演员，但表演是东方式的，情感与情绪的表达细腻含蓄，与美国人无关。这是一部被导演风格打上烙印的电影，超越它的地域性。换言之，一个有风格的创作者，可以在任何一部作品中打上属于自己的印记。

男孩在老师和同学面前，长篇阐述分子结构的观点。冰风暴的天气，穿橘红色雨衣在森林和空地里游荡，最后被电死。按照解读，里面的每一个人，不管是大人还是孩子，都在孤独之中寻求出路。大人和儿童的模式一致。性是成人生活里重要的部分，身份互异的人们通过性爱交换、表达、传递感情，（他说，我这样爱你，只能通过做爱来表达。这句话代表了一种典型的男人情感传递方式。）同时，这又是一种极为封闭而主观的方式。性爱同时背负着冷漠、背叛、谎言、伤害。

音乐和《色，戒》有相同之处，细密层叠递进。李安是过分敏感的男子。

有人说，创作需要两个因素，聪明人，笨功夫。对天性的灵敏和源泉不自知，埋头下苦功。动手做，做下去，做完。通常自认为聪明的人多，用笨功夫的少。人只说不做，或以说代替做，最终都是虚妄。

人由自我限制而生发的对他人的狭窄念头，毫发无损于对方，只使自己捉襟见肘。

若能置身事外，才不会画地为牢。

*

经常意识到自己行走在悬崖边缘的人，是否会因此更加用力及警醒。

晚上这个住在高山里的人给我回了一封邮件。最后一句话是，我用不上捐助，谢谢。

*

若有情执，必陷入软弱。

把对方的谎言和冷漠视为重击。如果强大，就可以把一切变动当作灰尘拂去。亲密无间，如胶似漆，逐渐替换成冷淡疏离，争执不休。他曾经一天给你十颗糖，突然十天也不给你一颗糖。那你能如何。愤怒于对方的变化，试图控制对方，硬要对方给出更多糖果。还是再次去别处寻找。

为何不让自己的口袋里装满更多的糖。这样不必期待他人给。可以自己吃，兴之所至，也可以给对方吃。

当下享受是最好的态度。接受无常，接纳完整的存在，而不试图重新塑造，也不扭曲自己和他人。关系第一原则，应是允许他人以独立和自愿的方式存在。期望是自以为是的权力。

不要对别人失望。别人即便有再多问题，那也是他允许自己并自认公正的。在把对自己的失望转换成对他人的憎恶时，人拿起匕首互刺彼此的心，痛快杀戮。伤与被伤同属一体，伤人便是自伤。即便在欢愉中，人也无法彼此理解。在伤害中更加不能。

给人自由，不侵犯压榨他人。也不允许他人这样做。

＊

感情是一把双刃剑。得到它的欢愉和亲密的同时，要接受伤害。关系互相依赖，同时隐含对立与斗争。这种分裂是它一体性的展现。

吸引是拥有多个层面的闪耀而冷酷的独立体。绝非一厢情愿或曲意承欢。

*

有公开邮箱，读者来信一直极多。大多来信无法回复，有些信件若有必要，会尝试给予回复。

通常这些信件不会有"请给我回复"之类的要求，但字字句句发自肺腑，令人沉重。多出自年轻女子，有些用极为冷静的笔调写出多次自杀和情路跌宕的经历，种种与自我和他人的恶性所发生的内在斗争。最后仍会坚持认为自己在"爱"着对方。认为这些遭遇属于"爱"的范畴。

你可知，彼此都太用力，以至到了末尾内心萧瑟。此时已脱离爱的本意，被激发的不过是隐藏其后的贪欲和匮乏。

情感是一种残酷而理性的训练。通过检验，克服天性中的虚弱、沉溺和执着。欲望使我们得到机会打开对方内心的黑暗，区别只在于谁先识破这困守之境。

对男人来说，情爱和快乐有时是一种逃避和放松。是他们的游戏，玩耍的城堡，逗留的旷野。他们的心如同猎人，征服和占有是血液中的本能。对女人来说，若爱他，会把他当作孩子、父亲，恨不能把骨血溶解于他的身上，把心拧成一股绳索。两人属性和所求如此不同却要相守，多么困难。

他若不爱，会以各种方式玩转你的肉体和灵魂，把它们视为脚下草芥。不会有顾惜和尊重。错爱最后淬炼出铜墙铁壁般刚硬冰冷的心。一厢情愿的幻想燃烧着虚妄的火焰，现实本身却铺满跌碎的真相。

要记得。他若真爱，只会用一种方式呈现：用他的全部生命供养你。

*

那种除了性，而无法给予情感和精神支持的关系，只会在原地滞留，不会提供上升空间。这是由对方的身心模式决定，固执地用同一张罗网把你拖拉在原地。但你终究需要前行，继续寻找，才能得到让生命均衡和饱满的关系。

若受不到珍重的对待，爱是何物。性的关系只会止于性。应与人发展一种正面能量的关系，而不是被欲望所刺激的由贪婪支配的关系。即便要走一段漫长的路，不能忘记自己所要去的方向。

人在某一个路口，被迫要认清立场和处境，看到自身和他人的软弱。你曾经幻想过完美的东西，后来知道它没有。没有可能把归宿放在一个同等自私和软弱的个体之上，也许对方也在需索和期待你的帮助及给予。

"无所贪爱，每一刻却贯注深情。"爱的涵义谁可真正领会。

*

我并不时常抽烟。大概是在写作的时候，疲倦或有压力的时候，跟亲近的会抽烟的男人在一起的时候。

粉壳烟在机场顺便购买。并不是平时常抽的烟，只在旅途中做伴十几天。有时在路过的地方，购买当地的烟。有时遇见他人，随手分享他们习惯的烟。抽对方给予的烟，好像触摸到他们内心一处私密的小空间。搭讪他人，索要一支烟，或借用一下打火机，也极为自然。

烟本身并无禁忌，但由人评断。它是空性的。

对有孤独感的人来说，它很难被彻底戒除，但也无需上瘾。

在咖啡店工作。回复待定邮件，补写日记，修改文件。休息时观察他人。有些人的长相，一开始不让人觉得喜欢，但交谈或长时间相处之后逐渐体知到他的美。内在依然决定长久的可行性。

一个戴假睫毛涂红色指甲油化烟熏妆的女子，独自前来。点了咖啡，抽完一根烟。右手臂有文身。拿出一串黑色檀木和玛瑙的大佛珠，双手合十闭上眼睛诵经。完毕后立即再次点燃一根烟。

*

一次，这个在远处城市的男子，深夜告诉我，他躺在床上无法入睡觉得极度难过。我想他也许需要抚慰。聊天到凌晨。几次他说到哭泣，无法自制。说到一个亲近朋友的自杀身亡，说到他的困惑和内疚。三点多结束。躺下时觉得疲倦，放松。眼前仿佛有小小火花闪现。

一次，她说，她不想活得太久。我说，那你要活到什么时候。她说，三十七岁。我说，那就很快了。她也没有什么解释。其间说起"他待我很好，也足够善良。但我却从来没有得到过快乐"。

倾听这些陌生人的故事。他们有时很远，有时很近。

*

现今，一个不看电视不听电台不看报纸不看杂志对时事新闻八卦无兴趣的人，也许正在跟这个时代脱节。但我并无觉得不适。也相信其实有许多人跟我相同。

我并不知道该与时代保持怎样的关系。只愿意自己的生命保持真实。在这条熙攘的道路上，谁能于迷妄中知分晓。没有余力投入在围观、辩论、哄闹、驳斥之中。不如保持原地不动，让潮流和喧嚣兀自远去。

一贯的荒诞是，世人都爱与外界、外人争斗，标榜勇猛斗士的姿态和观点，这般也许能够使自己感觉强大及重要。以此可以遮盖真实的自我，回避自身问题，避免反观内在虚弱的灵魂。

这个时代，若有人想诚实谈谈自己，不免会被认为自恋或狭隘，反而奇怪得很。谈论浮夸的与己无关的事物，做出与外界万物斗其乐无穷状，安全而热闹。

人们其实很少爱自己，也不认可自己的真实。

穿过夜色中的花园，草坡和树林在雨水浇灌中沙沙有声。石榴花一簇簇暗红的花影隐藏在枝叶背后。雨水湿透脸上，脱掉凉鞋，光脚踩入草坡。久久站在夜雨之中。

*

这些天，被一本书支撑着。它在缓慢成为骨骼的一部分。饱满，强壮，因故安静得不需要任何言语。看到一本好的书，有时会希望别人不认识它。也许这不是吝啬，只是为了保有它的清静。

用生命实践所带来的敏感去体察一本书的内心，而不是用阶级论或政治意识或自我限制去粗暴地评断一本书。这是对它的损伤。事实上，一些真正的书的本质，只是孤轮独照。

文字与制造它的人一体，又各有界限。写作者不能以文字中的方式生活，也不能以生活的方式写作。写作因此是需要专门技术的职业。它不是纯然对照自我的表达，是有所抽离和凝聚的表达。在一本书里，读者感受到作者的精神方式、观念、特质，觉得与之契合，有共鸣，遂在心里把他当作一个知己。他们之间的关系，有时会比生活中实际相处的人抵达更为深邃的心灵限度。

　　一些书默默而有力地改变阅读者的内心，改变他的价值观、思考方式、人生模式。这是一本书对人所发生的作用，是阅读带来的馈赠。

　　有才华的人，不该以世俗的方式去占有和评估他。存在于书中的作者，呈现出其精湛的内在，把灵魂中一簇明亮和集中的能量，毫无隐藏没有丝毫保留地挖掘重塑。奉之于世，做出牺牲。现实中的他，有时不免显得自私、乏味、没有活力。现实对他而言，也许是身心蜕下来的旧躯壳。他领先它而去，失去兴味。

　　书带着他既往的躯体血肉开始独自旅行世间。（而他的现在又远行到了哪里。）

　　　　*

　　他驱车在台风的天气来看望我。半路匆促买的廉价的换洗衬衣和布裤穿在身上仍是好看。背影挺拔，像二十七岁的年轻男子。眼角还是起了皱纹。这个男子，容色安静，站在我的身边，说话常常会吞咽下半句，心里又如同明镜。

我们走过廊桥去河的对岸吃晚饭。刚点完菜，闪电和雨点就把外面的人赶进了室内。通明的灯火，墙角的电风扇和在翻看菜单的情侣。为他盛一碗汤。他说，很多事都忘记了。如此，一句怨言也无。只是平淡地活在自己的世界里。与世无争，种植花草，生儿育女，与人相伴。

*

"我以前不知道哀而不伤是什么意思。现在明白了，却不知道该如何对你解释。于是想想还是不说了罢。"

*

一个白色陶土大盆，描着菊花，线条洒落的枝叶，清雅拙朴。边上一枚小小标价签，价格昂贵。这样的大盆若搬回家里，是该供起来，还是用起来。按照一贯作风，会把它融入日常生活之中。日夜相对，时时碰触交会，才不辜负美意。也许用它来盛米或盛水。

石竹锯齿状花瓣有一圈意图不明的圆环。纤细对称的叶子，长长花茎。它是容易被人忽略的平凡花朵，很少有人歌吟或着意欣赏。适合稀朗地插入清水玻璃花瓶里。一枝纤细的石竹，白中带紫，着实清雅。今年在花园里重新种了很多。

石竹和夹竹桃适合佩戴在耳际，略带放荡和优美。在博尔赫斯的短篇里，有耳边插石竹的男子出现。从这一点来看，博尔赫斯亦具备极佳的男色鉴赏力。他那与世隔绝般的幽闭而奇幻的小说，如同夜色中的森林。阅读时仿佛可以借以逃避人世。

夏夜阅读井原西鹤也是一桩妙事。日本古典文学所传递出来的对性与爱，生与死的豁达，是他们的人生哲学和审美观中重要的基础。津津有味而又波澜不惊的语调，讲述男女欲情，世事变迁，如同一场花开花落。最后皆付诸大海，滚滚而去，一物不存，昭昭独显。井原西鹤深得禅意真味。让人读得心里澄明如镜。

如何对待性，如何对待死。这些被禁忌的问题，是需要面对的重要而实际的问题。它跟是否吃饱，是否能活，是一致属性。日本人的处理方式是我所喜欢的。他们面对，接纳，享受，安然。给予审美的超越感，又视之为平常。

只有明白了这份态度，才能明白他们对待山水庭院，一场花事，一杯茶……以及渗透在人与万事万物的关系中，那份分量十足的郑重与豁达。

*

园子里的回廊池畔，一望无边际的荷花。

风中传递刺鼻芳香，烈日下汗水湿透的衣衫。

凉亭上的诗句。

*

"政府同我没多大关系，我尽量不考虑它。我不常生活在政府之下，我甚至不常生活在这个世界上。如果一个人思想自由，幻想自由，想象自由，那么不自由的东西在他看来就不会长期存在。"摘自梭罗。

*

今日写作八千字。早起跑步，反复看自己的手腕。路边的打碗花在露水中安静绽放。

存在，并清楚察看生命的每一刻。

天色灰暗，炎热。中午去餐厅吃饭。母亲打来电话。穿上丝裙，戴耳环，化妆得当。餐厅空无一人，七八个男侍应，只有一桌客人。楼下电视转播阅兵，与己无关。一间小小的儿童游戏室。

生日有时想收到一捆白色或浅粉色的花朵，有芳香，皱纸包裹，棉线扎起。大束的白色牡丹或月季。一小把茉莉和栀子也很亲切。但事实上，我许久没有收到花束，没有送花给过他人，也没有写信给过人。这些行为未免不是一种可耻。那天陪 W 去买贺卡，他买了许多，顺便问我，能不能寄给你一张。愉快地给了他地址。

吃一顿正式的饭，喝了酒。选蛋糕时有小小选择，一只烤奶酪蛋糕，鲜奶油和奇异果。一只巧克力蛋糕，撒满深褐色巧克力粉，点缀杏仁片和白巧克力的曲线造型，有一个名字，法芙娜，是法国巧克力 Valrhona 的译名，如同任性少女。选了后者。以美的标准而非实用的标准做出选择，这是进步。

吃完饭，打不到出租车，坐地铁回家。收到的问候全部来自旧日认识并失去联系的男子。

对 M 说，在我的关系中，能够拥有深度的朋友一般只是恋爱中的或者恋爱过的男子。我与他们如此贴近和亲密，这种情感的强度恐怕连自己都无法感知。他们因此以为对我无所不知。分手之后，又通常觉得对我一无所知。事实也是如此。

在我的心里，住着一个男人，一个没有性别的儿童，一个女人。

这些爱过我的男子，或者以父亲般的情感方式对待我，或者以男孩般的情感方式对待我。从来没有对等过。年岁递长以后，人应得到势均力敌的伴侣。而前提是，需让自身强大。如此才能得到一个同等强大的对方。

*

"你们祷告，无论求什么，只要信，就必得着。"《马太福音》第二十一章二十二节。

*

去古玩市场，只是看一些物品。朝鲜瓷，牡丹青花小罐，沉香佛珠，琥珀，蜜蜡，日本手绘画本，民国小罐，粉盒……种种。买了两颗松石和珊瑚，一支银簪，一枚花瓶形状青玉。下午用新买来的老松石和珊瑚重新镶嵌了耳环。

收到女友 G 寄来的牵牛花种子。信封上有手写的字，如同小学同学般的童体字。

如果没有痴迷过黑暗，被它反复撞击到片片碎裂，不可能放下执着。遇见生命中刚硬而深沉的黑暗，也许是一种殊遇。它使你成为俯首探望过深渊的人。

你被这所瞥到的一眼撼动，并只能保持沉默。但终究，你是一个新的人了。

在你忘记的那一天，你将重新记得这一切。

*

他想在结婚前再恋爱一次。她想在死去前见到另一个自己。

*

没有经历过婚礼。没有穿过婚纱。白色的蕾丝、头纱、戒指、花束，女子都会喜爱。作为一个女人，人生内容有一部分完全是空缺。别人可以简单做到的，我没有做到。但对此也并不觉得遗憾。

只是觉得与一个人交换誓约是美好的事情。电影 The Vow，一对相爱的人在美术馆角落，五六个好友作证，把誓约写在餐厅餐单上，彼此对述。喜欢男主角 Leo 说的那一段。

"我发誓用全力爱你，不管你是何种形体，直到永远。永不忘记，这是一生一世的爱情。在我灵魂深处永远知道，无论发生什么，我们会回到对方的身边。"

只有提及"永远"，才可以称之为誓约。但是永远有多远。永远是否存在。相爱的人，有可能因为小小波折和不信任各奔东西，也有可能深情的因缘轮回生命无数个世代。如同 Leo 所说："如果我们注定不会分开，就一定会在一起。"

是这个注定重要，还是誓言重要。

不用理性分析的誓言，才会发出它的光芒。那个让我们许下诺言的人，那个与我们互换承诺的人，他在哪里。他何时何地出现。他如何与我们相遇。

失去记忆的女子对深爱她的男人说，我如何才能够做到像你爱我这样地去爱一个人。男人对答，你曾经做到过一次，以后还会再次做到。

电影最后的歌曲是 The Cure 演唱的。十年前听过他们的专辑。前奏和声音一出来，就已知道。

*

早上赶去社科院，听略萨演讲。作家头发花白，言谈有魅力，演讲内容没有上次帕慕克的那场深入我心。帕慕克诸多观点我都甚为赞同。大概略萨较倾向把文学与政治和行动相联接。帕慕克是更注重人性幽微的带有神经质美感的作者。

会场里微博互动之类的形式，让人觉得浮躁。这些科技化手段，虽带来更多与大众的沟通和影响，同时也在消减交流所需要的真实而高效的理解。它们降低了被进入和认识所必要的门槛。（广泛流传必然有其弊端。会贬低其内在价值。）

活动是令人为难的方式。除非在天高地远的地方。在那里你不是那么出名，被贴上标签戴上帽子的可能性也小，观者反而有平等和公正的心态深入。活动过程中应该禁止一切手机、相机、电脑的进入和使用。只是一场小范围没有任何干扰的说与听。人与人之间的交流，要获得的是尽可能深入的内在联接，而不是热闹却肤泛的一场大会。

在不断被分心的会场里，想起川端康成，三岛由纪夫，加缪，博尔赫斯……这些已逝的作者。比起试图以文字解决社会问题的写作，我更爱慕为美和灵魂的困惑而写下的文字。它们如同隔夜清霜。

艺术是为美和灵魂而存在的，怎能与政治或社会勾肩搭背。当然人各有想法和取舍。文学可以有多种类型同时并存。

出租车里的电台宣布北京进入汛期。

  *

  凡俗的爱会在欲望驱使所乍起的勇猛之后，迅速呈现软弱无力。它需索回报和自我满足。因此，俗世的大部分感情既不坚强，也不高尚，更不光明。只是试图为自己作证。

  能够带来美好的东西，是诚实和给予。

  *

  真正的爱，一定相联着喜悦、笃实、明朗、饱满。真正的爱不可能使对方痛苦，也不会让自己痛苦。那些使我们痛苦并因此想让对方也同样痛苦的关系，与爱无关。其实质不过是一种疾病。

  需索过度的人，会迫不及待先下手为强。他的身体在发出呼喊，爱我，靠近我，更近一些，更长久一些。但他的语言和手却在推开别人，说，离开我，我恨你。以这种扭曲和不自然的方式试图引起他人更多关注，显然是没有获得成长的行为。

  必须放弃在关系里对待彼此的问题和困难保留余地并寻找各式

借口逃避的人。这意味着在他的生命里，懦弱和不担当是其处理一切事情的模式。若无勇敢和真心实意，人不可能成就任何事。

从姿势上来看，一旦伸手问人索要，就已无法优雅自如。世间大多所谓男女之情，不过是需索和寻求自我满足。人不经过训练，没有办法去爱他人及长久地被爱。

*

隐藏在背阴山谷中的幽兰。月光下白色花树。凋谢时整朵坠落而不溃散的花。极高大的树木开出的花。无人迹高海拔山坡上盛开的野花。蕨类羊齿植物。所有能散发香气的花。在寒冷天气盛开难免清高的花。在适宜季节开放的天真烂漫的花。不是为了结果而开的花。可以被吃掉的花。适宜插在发髻上的花。用来清晨供奉的花。

*

M说，对他而言，爱是一种喜悦。纠葛的核心是操纵。真正的爱没有机心，只是单纯而朴素、自然而亲密的喜悦。心所要的，不是足够多，是足够欢喜。他又说，除非我们能够让自己变得更好，才能遇见真爱。

我们让自己变得更好，但并无把握遇见一个也在试图变得更好的他人。喜悦的感觉来自互相，不是单向。如同双手相击才能发生声响和能量的移动，对手至为重要。不对等代表一种孤立。人未必能时常得到彼此击掌而鸣的对手。让生命变得更好是独自的事情。某种程度上来说，它不必交换。

任何心灵的改造，到最后依旧是回复自身的强大。这仍是孤独。

除了等待势均力敌的人，除了以平衡而适宜的内心获得同等的感情，除了让自己变得更有力。无法也无需有其他作为。

*

夜晚九点，一起去楼下花园散步。她拿着水杯，精神奕奕的小人。花园里有乘凉和遛狗的人，远处有霓虹。我示意她背诵古诗，她逐首背诵下来，童音在风中吹远。

即将下雷雨。闷热，闪电稍纵即逝，雷声沉闷。她说她害怕，却似乎是撒娇，紧紧抱住我的脖子，把脸贴在我的肩膀上。整个身体与我依偎一起。她抱着我如此紧迫，以至皮肤上渗出温热黏湿的汗液。抱她进房间，她已趴身睡去。完全是默默地突然地睡着了。

我经常因为被她的美震慑，而无法说出片言只语。

*

家乡方言里，喝茶，是叫吃茶。即使不是拿出茶叶来泡，只是口渴了喝杯白水，不叫喝水，也叫吃茶。喝酒同理，叫吃酒。

一个优雅的朋友的存在，是用以在即将落雪的黄昏招之即来，共饮一杯。真正的爱酒人，有时不免对月独酌。醒时同交欢，醉后各分散。喝茶与喝酒不同。它需要对象，独自喝茶十分孤寡。正式的喝茶，大家围坐一圈，不时给对方倒茶，不显得萧瑟。茶像一个清淡矜持的朋友，虽然可贵，却需要给予较为热烈的响应，才不致显得疏远。

认识一个福建女孩，说在成长的古老小村里，幼童从小喝茶，家里烧一大铜壶开水，扔几把茶叶进去，一天只喝茶水。我有些羡慕的意思，觉得她自小做了成人的事情。在我家所在的区域，儿童小时候只喝白水。物质贫乏的年代，还记得有一种上海产的咖啡块，外面裹着白糖，热水里溶化之后，是一杯风味独特的褐色甜饮料。家里时髦的年轻阿姨，经常泡这样的咖啡块。正式的咖啡出来，它就消失了踪迹。父亲吃完晚饭，习惯用玻璃杯泡一杯绿茶。他的茶叶放在铁皮罐子里，想来也不是讲究的好茶。

寒夜客来茶当酒，竹炉汤沸火初红。寻常一样窗前月，才有梅花便不同。杜耒这首诗更趋向一种心境。大雪初停，梅花枝探入窗前，月光淡淡，远方客人携带着风霜气息不期而至，只为一夜酣畅对谈。即使没有准备，手忙脚乱，茶还是先摆上案来。朋友本该如茶，醇浓满足，清淡有余。

腊梅可以栽，月亮时时圆。只有寒夜踏雪而来的客人缺席。在更多人热衷于饭桌上应酬的当日，吃茶，太寡淡也太隆重，让人消受不起。一切具备，唯缺知己。

*

在梦中，欲同去一座海岛。兵荒马乱，人潮骚动。买到的船票相隔一日。他用力去换票试图同行，而我知这便是安排了，心里并不黯然。想着最终也是殊途同归。

*

一直使用定焦相机。它使照片存在一种固定的距离感。出自限制，却逐渐形成天然的分寸。在拍摄者与他所面对的客体之间，这是被重新发现的距离的魅力。

摁下快门的瞬间，画面无可捉摸不可改变。人与物、人与人每刻共存唯一的当下。

相机如果重复使用，即便是坚硬的金属，有时却在手中产生柔顺的意志。拿起它对焦，按下快门，轻而清脆的声音，果断分明。

时间在以一种严谨而周正的秩序流动。人流淌在河水中漫漫而行。在时间中告别的，是每一刻流逝的过往，每一个瞬间的重新出发。这种崭新的经验令人振奋不已。

从未专门去学习专业技巧，也不购买复杂高级的设备。只是一个自发的记忆记录者。我相信技巧和机器的价值会带来不同的进步感受，但依然只选择使用最简单的方式。

我总是快速摁下快门。对。快速摁下快门。没有对焦时间没有余地。这也许是一种粗暴的冒险的方式。定焦镜头给予我回报。无心中到来的瞬间，没有解说、企图、构想、证据。如同天空中飞鸟不留下痕迹，呈现出一种无法被言说的真相。

在照片上，物与人有时看起来仿佛已准备很久。为这某个时空点的相会。出发自他们内在的真实，也来源于我与之心心相印的直觉。如同两个语言不通的陌生人，只能通过抚摸、凝望、猜测、想象等方式相爱，但一样可以抵达心灵平等的深度。

我对拍照因此有一种深沉的情感。

*

床的一侧堆满书籍。闷热的晚上，一边摇动蒲扇，一边翻开书页。临睡前一次来回持续十分钟的短信，给心带来安慰。过去的时光不倒退。有些人，在起初总是有很多抱怨，时间一久，看到有真实的感情毕竟走动过。无愧于心是对的。

我说，我累了，我要睡了。如此道别，在困倦中入睡，暂时忘记现实的千疮百孔。没有丝毫对自己的怜悯。

大雨滂沱。一整夜听到排水管里雨水流动的声音。睡眠因此静谧。

妄念一起如万马脱缰。慢慢洗净，退却，剥除，卸落。让心回复到本原的位置。克制果然是一种训练。

持续阴雨。午餐。巨大的家居店，有中式和欧式二手家具。桌布，烛台，明信片，首饰盒，一块喝茶用的印度棉布缝着密密手工针线。

Grace 系列，维多利亚时期古典花卉风格，金边工艺复杂。天蓝色纸盒包装。这个有二百五十周年的品牌已告破产。完整的一套瓷器包括茶壶、杯子、放牛奶和糖的小壶，及点心盘。我期待与她一起喝下午茶，看她手握杯子满心欢喜的模样。她会教我如何认真喝茶。

家里花园池塘，荷花已盛开。通常先有一朵最早绽出，一夜之间，其他次第开放。荷叶可煮米粥，白米汤染上微润绿汁，带有莲瓣清香，和上冰糖。荷叶在米粥煮熟即将熄火时放入覆盖。今年，一池塘红色荷花唯独长出一株白莲。不知它因何而起。

荷叶田田,搭起绿荫。红色蜻蜓时来邂逅。晚上听着蛙鼓声入睡。

*

凤仙花染出的指甲颜色,略带些微醺的杏黄色。不管是何种颜色的花瓣,暗红,粉红,淡紫,白色,最后染出来的颜色都是一样。在手指上闻到淡淡的花汁清香。大自然给予女人很多礼物。女人应该如同植物一般静谧而自如地容纳和接受。女人应该等待被爱。

*

不能以理性分析和解决的存在,就让它以幽微难言的方式存活。如同潮湿青苔边生长的羊齿,无意于成为烈日下的缀饰。这不是它要的光明。它只能是路途中邂逅,有长年的离别。偶然来到梦里,提示你俯首寻找内心一处虚弱而纯洁的位置。

*

雨天午后,点燃一枝白檀。有时只想坐在他的身边,微微笑着凝望这个男子的侧影,没有任何多余的话。

*

是的，当你说你爱我的时候，我会始终回应你，我也爱你。

这是我们暂存的身心于茫茫黑夜中为彼此闪烁出微渺亮光的一刻。即便只是一刻。

*

经过提纯的内心空间，不是不懂，不知，而是不问，不计较，不介意，不追究。愿意把别人想得好一些，不把人想得复杂，考虑到对方立场。可说，可不说时，不如选择不说。

在郊外房子里写作时间过长，与世隔绝，暂时失去与别人能量的交换。写作需要代价，有时它如同一把铁锤，把一枚钉子一点一点敲入岩石。是这样强硬的过程。无法抵抗，身心由它的用力而产生震颤。

工作。空旷的二楼客厅。落地窗外看见簇簇白杨树林，叶子在大风中摇晃如同海潮。写累了，在沙发上躺下。清醒，继续写。如此反复。

午后去 W 的家里做客。她抱着孩子在路口边等待我。孩子手里拿着棒棒糖，糖汁粘在脸上，她由他去，并不细心擦拭。他们对待孩子的自由的方式，粗看接近一种随心所欲。二环旧巷子保持老北京的气息，小院里有一棵枣树和一棵玉兰树。他们种了香草，还打算在屋顶上开辟出一处花园。种花，吹风乘凉。

我踩着这个美国男人自己动手做的木梯，登上屋顶。她也跟随而上。老槐树上停着很多白鸟，底下是小院子，男人、孩子、大花猫在一起嬉戏。破旧的老巷子传过自行车的铃声。世间仿佛突然换了一种样子。我说，在这屋顶上种完花草，黄昏时两个人上来喝杯酒，迎面嗅闻凉风阵阵，一定惬意非常。

晚上收到他以寺庙注册地址的邮件。要去印度。我期待它已久。

与生命有隐隐暗合或联接的地方，最终都会抵达。它们等待在那里。时间有限，为迎接彼此已做了漫长准备。

*

问到再无可问，心中妄念消除。需要蹚过多少疑问。走过一条道路，亲手翻起每一块石头。

不存在所谓无可救药的人、感情、生活。一切终究有变化。

如果你认为它无可救药，不过是沉溺。我们可以选择完全的放下，或者完全的承担。唯独不能伪装一个懒怠的理所当然的姿势。

你尽可拖延和故作不知，企图获得其他妥协。命运静静等待一侧，旁观你辗转煎熬，最终会逼迫你把脚步移向注定的第一格。

实践一旦进行，错误和方式就会自动调整和归位。出发是首要的。

*

当我能够"看见"你，我也同时"看见"负载于你身上的属于我自己的影子。若我能如释重负，你也清澈独立。

粉碎和熄灭此起彼伏的念头，让觉察及决断时时相续，这和旁观花火没有区别。只不过心是天空，花火是妄想。没有不死的花火，而且它们是即刻死去的。

*

在印度。麦田劳作的人孑然一身于滚滚麦浪中行过。植种，收割，用头顶着大捆的干草。牧羊，放牛。田野清晨的雾霭。黄昏的平原。

路过的村庄。裁缝店小铺子里，埋头踩缝纫机的男子。穿白色袍衫的老人，清晨拿笤帚清扫门前庭院。聚集一起喝茶看报纸。卖鲜花的摊子，人们买了花供奉祈祷。集市里的水果蔬菜，香料，杂粮，布料，鱼，做饭，制茶，缝纫，木工……人群总是在劳作。方式原始勤勤恳恳。慢条斯理做事。

也不见说些什么话或做什么娱乐打发时间。有时独自待在街口，慢慢走过小径，或长时间蹲在一个地方，无所作为保持不动。这是印度人打发时间的方式。聚集，独处，种种样子都觉得好看。事后想来，那或许因为他们不急迫，有一种内在节奏。习惯坦然面对静止单调，懂得沉默和保持当下某个状态清空。这是以往很少见到的闲置状态。

而我以前经常可见的，是人们恨不能时刻有事情填塞时间。无法容忍一小会的独处或孤独。坐地铁半个小时也要拿出手机打游戏看新闻目不暇接。这也许是一种与精神根基相互滋生的贫乏和虚弱，与物质丰裕与否无关。

每日赶路。有时凌晨四五点起来准时上大巴车，一路颠簸。晚上经过的村庄和店铺，已点起蜡烛或油灯。鲜少见到争吵斗殴。公共汽车或者火车，人挤人拥作一堆，车顶上坐满沉默并肩的男子。炎热正午，几个男子在筑路，其中一个在大树上挂了条粗麻绳开始荡秋千嬉戏，其余的人就坐在路边微笑观望。

村庄破败、杂乱，废墟般建筑，粗糙廉价的物品。但他们的状态并不令人觉得同情，姿态和神情怡然自得。这些人有一种出自天性的优美和优雅。自得其乐，一种甘愿的顺受。接纳和服从的尊严。

*

在旅馆房间看了一下当地电视。所有电视节目不管出自哪个国家，内容模式基本一致，即粉饰和逃避现实。电视中出现的印度人及其日常生活，被使用熟练的华丽的镜头呈现着西方价值观念，但却不过是一堆闪耀的泡沫。电视中的印度，跟我一路亲眼所见的国度，完全是两回事情。

旅程回转于贫困偏僻的农村。我是一个匆促经过的旅行者，没有深入它多面的日常生活，但仍隐约意识到所见到的一切，即便只是组成层面，依然是它核心的部分。

生活穷困，不同宗教和种姓的冲突矛盾尖锐而无法调和，建设不够积极有序，传统被不断冲击。存在其中的人看起来还是安静和笃定。没有彷徨失落，没有躁动不宁。他们与传统、精神、灵性、宗教等种种力量的延续关系依然紧密，没有与之断裂。没有被剥夺和变异。

奈保尔在其游记里写："……我父亲那一代的人一定拥有某种精神或智性上的强大力量，才得以在印度种种东西都如此粗劣的情况中还保持正常的心态。大家都知道东西不是很好，但他们从一个真实或想象的伟大传统中汲取了灵感；他们天生就感受到有一个丰富的古老文化在支撑着他们。"

*

在旅途中与朝圣者结伴。尊重这一期一会，与他们一起行动。这是相遇的意义所在。

之前，我读佛经也读圣经。我阅读一切关于宗教的书籍。佛教于我，首先是一门高级的宗教哲学，训练人的思维，重组人的内心结构。它又高于哲学。圣经则靠近情感和审美需求。我敬畏和尊重某种宇宙的秩序和力量，对此小心翼翼，不觉得自己有能力和资格做出超出自身经验的总结。

这次进入一个集体的核心，学习他们的形式和知识。在这些过程中，试图感知和驯顺心中隐藏的经年积累的负面能量，觉察到它们的侵染和损伤。当我意识到在跪拜中有无法放下的自我对抗感时，同行的法师告诉我，佛像本不需要跪拜，佛教本身就反对偶像。跪拜只是一个仪式，为了让心恭敬谦卑平和柔顺，在毫无杂念从事这一重复举动时训练和关照自己。调伏这颗充满傲慢我执的刚硬的心。这是一个修行的任务。

菩提迦耶。现在植种的古老菩提树来自斯里兰卡原树插枝的再一次插枝，血缘依然正统。法师说，菩提迦耶可被视作这个地球的某个肚脐眼的位置。在此修行具备一种穿透力，加持力难以说明。

炎热午后。多日旅途辛劳感觉到的疲劳。水土原因导致肠胃不适。旅馆房间外面，喧杂沸腾的马路。无法试图躺下来休息，心里

苗壮不愿昏昏欲睡。起身戴上太阳帽抱着坐垫出门，再次走去大正
觉塔。

皮肤黝黑的印度男孩靠近我，手里捧着一束养在水杯中的紫色
短枝睡莲。一路固执跟随，想让我买下这束花。一般小摊里多售卖
各种白色、黄色、红色的鲜花，这睡莲很少见，深紫色椭圆花苞让
心流出清泉。微笑着走了一段，不愿意让他失望，买了他的花。

大正觉塔。一座至今所见最美的佛陀像。它是清净圆满的象征，
不是寺庙里被熙攘众人用大束香枝祈求钱财高升等世俗愿望的偶
像。形式被不同的欲望和动机改变，但一切无损于它的光华。静静
端坐高台，人们接近它向它跪拜为它供奉鲜花，是试图接近内心的
自己。接近心中的清净圆满。

走进殿堂，把水杯中的睡莲供在佛像前。这样做是在趋向和靠
近身心内部美好的部分。俯身行礼的时候也是如此。我知道，供养
给佛陀的这一刻清净优美，同时也在供养给自己的心。美和智慧守
藏于自身发源于自身，只是要得到通向它的路径。这一刻交会眼目
心神的安定，无耽溺和对立，我们与这个本来面目的自己将不会分
离。

气温升高，在菩提树阴凉下休息。一个藏族老妇，跟我在拉萨
街头见到的藏族老妇有所不同。肤色洁净衣着美丽讲究。寻常传统
式样丝绸上衣，花纹和颜色淡雅迷人。戴着手镯耳环，花白头发盘
起发髻。脸上全是皱纹。她招呼一条刚睡醒的小狗来到脚边。大正

觉塔边的野狗通常都睡得极为舒适，念诵经文的声音让它们安睡。她抚摸走近的小狗对它小声而温软地说话，仿佛对孩子说话。小狗趴在她的裙子边重新睡过去。她手里捏着几片菩提树叶，看人来人往。

我着迷老妇脸上淡淡的自在微笑，猜想她是否住在附近每天过来，如斯度过生命大部分时间。据说很多老年的人来到菩提迦耶之后就不愿再回去。把此地当作最后的归宿。

*

凌晨。大正觉塔。在持续磕长头的过程中，我意识到这个仪式所产生的力量。仪式如同没有止尽，而我试图让心安定，过滤渐次浮现的念头和意愿，让自己找到答案。身边围绕一团一团的蚊子。寒气袭人。在身体起落和完全俯向大地的瞬间，把肢体紧紧贴近土地。额头顶在被无数人的脚印遍布的道路之上。此刻，人记得和忘却的是什么。

佛陀是一个生命进行修行的实证。他是血肉之躯，婚姻、后代、国土、爱欲、权力、名誉、金钱同样曾经是他的选择题。我更愿意把他看作一个哲学家，一个得到觉悟的智者。他总结的教义给人类带来的精神革命，在某种程度上说，超越于科学的物质的时代的推进和发展。在后者带给人类社会种种繁荣也带来种种毁灭性弊端的同时，佛陀的道路，虽然无法在世间获得肉眼可见的效率和成果，没有带来机器、能源、工业流水线、航天仪器、核……却与我们的生命发生最真实直接的关系。

因为你知道什么叫作痛苦和迷惘，它们曾如何汹涌而深沉地冲击心灵。这才是人类所要解决的最为重要的问题。

"一条能够超脱轮回、去除我们所有污染的道路，确实存在。"（摘自一位仁波切。）

*

拉瓦纳西。五点早起赶去恒河看日出。

河边建筑与在书店购买的黑白版画明信片对照，保持大致相同的轮廓。木船由两个年轻男子划桨，一大船人缓慢地在恒河上行驶，对面沙地平原上的鲜红初日开始逐渐升腾而起。边上有小船靠近过来售卖烛火和鲜花。点燃烛火放于水面，许下愿望让它漂远。水边有沐浴的男女老幼。一处广场，大量木柴堆垒烟雾高高升腾。他们说那是在火葬尸体。

上岸后穿越河边街巷，如同穿越充满魔法的迷宫。集市的人群色彩气味举动物质声响形状。混乱的秩序，喧嚣的单纯。人力车流水般从身边经过，人群拥挤，一头牛站在街头正中。咖喱冒出热气。让人带有晕眩感和安宁感的老城。

狭小的机场书店里买的一本摄影册，*In India*。

深紫色封面积累一层尘土。一幅幅黑白照片：河边洗晾衣服的
人群，火车车顶上聚集的男子，大象角斗场面，头顶大筐蔬菜腰肢
坚韧的劳动妇人，在街头小摊吃食物的父子，甘地逝世和火葬，树
影晨雾和独行路人，壁画下睡眠的狗和孩子，售卖物品的小摊贩，
安静读报的男子，伸出手心乞讨的穷人，表演的艺人，瑜伽修行者，
戴着鲜花抹上粉末的祭礼，空旷废弃的旧宫殿和遗迹，静谧的黄昏
景象……拍摄时间在上世纪四十年代到六十年代。

神秘华丽而魅力无穷的精神骨架，穿越漫长历史变迁依然让人
觉得坚硬。这是一个蕴藏巨大灵性的国度。人与自然和神性两相归
属。

鲜花和烛火，付于恒河。颓败建筑，吵闹集市，喝一杯热茶。
期待某天，与人相伴，再度抵达这座城。

    *

她对我说，你什么都会有。只是一切会来得比较晚。我想我的
生活并没有真正开始。

一道伤疤上反复刺激。裂痕丛生的东西，扔掉吧。

当心平衡时，它是自给自足的，由自己供养。

G来北京，捎带的礼物有些是家人手工制作。用古布或丝绸缝制的玩偶、布袋、袖套、被垫，一针一线，密密实实。有时想象做东西的这个人，在如何的场景和心境里劳作：午后阳光穿透窗帘，陈列针线和碎布料的木桌，一杯茶水幽幽冒出热气。猫咪旁边打盹。小庭院里花草正开得昌盛，会是紫藤还是鸢尾……

人若能怀旧，是一种根基。一颗老心所象征的，不仅仅是湮没的时间，还有可贵的品质：端庄，静美，趋近自然和手工，专注，有敬畏。负载心意幽雅的礼物，充盈他人的心。

收到一套茶具。仿汝瓷，粉青色看起来只是一种灰白的微蓝。让人看着心里沉定。一把壶，两只梅花形茶盏，一只过滤斗碗，配竹盘。一只岩泥茶盏，底托上有工匠的名字，形色大气。

泡福建岩茶喝。外面阴云密布，一场暴雨即将来临。

一位老妇头发花白，腰背挺直，眼目清醒。活到这样的年龄，有些人会只剩躯壳独活，有些会保留一颗优美兼具活力的心。有些身边仍有白发的爱侣相伴，有些则独自在开着电视机的单身公寓里死去，一周后才被人发现尸体。

按照某种理论，有些人婚姻平顺，因在物质世界里只需与少数几个人分享能量，保持顺遂的关系。而当人内在能量强烈，并被大量众人分享，通常就会没有真正意义上的伴侣。这注定无法两全。

一些事情不及时做，也许会再没有机会做。想做什么及时做。时间一刻都没有停息过，即便如此，某些时刻依然需要等待。等待自己，等待对方。恰好的时刻就成为命运的转折点。跟随生活拐过一个又一个的弯道。

不是要求现实如自己所愿，而是在现实中找到一个立足的位置。人所面对的大部分是失望。活着的过程，即是存在于不断的困惑、挣扎、突破和提升之中。我们所做的一切实践，是一种调试。不是结果。

*

去山里寺庙过端午节。出发日夏至。

一夜火车。随身带了一本关于金刚乘的书，由一位英国修行者撰写。火车离开北京站，窗外楼房的灯火星星点点。翻开书页，看到其中写道："通过直觉而了解的东西如此难以传播……这些感受的作用同样也不太容易确定。从社会的观点来看，它们似乎是有害的，因为作为一个神秘主义者已再不能赞同世俗的价值了，就如同麒麟永远不能有如同蚂蚁和蜜蜂的作为一般。然而，那些有过这些感受的人却会将之视为他们一生中最重要的事件……实现不可超越的美、真谛和狂喜的可能性使得放弃其他所有目的都变得非常真实。"

这些段落二〇〇三年就已阅读。在云南小镇书店里买下这本书，雨季连绵，每日于咖啡店打发时间，读完这整本晦涩严谨的专业书。书中的铅笔画线证明曾一字不落，但其真正发挥作用却是在十年之后。言语融解渗入，一字一句了然于心。等待与一本书彼此认同和相知，有时需要花费多年时间。

这个世界上特殊的人非常少。特殊的人在某种境界里，呈现出来的是比平常人更平常的状态。有些人喜欢做出姿态，仿佛只有在与他人的对抗、与外界的搏击之中才能确立自我存在感。现在的我不喜欢这样的人。不是觉得他们幼稚，而是觉得他们勇猛的假面之下，隐藏着虚弱的渴望被忽略掉的自我。

真正的行进者最后试图面对和驯服的只是自己的心。

*

"我们衣袍湿透，但莲花瓣上却无滴雨停驻。"摘抄在笔记本里的句子。

*

想写封信给你。素白信笺上以毛笔蘸墨，只是竖行写下一句话：世事时日无多，唯愿珍重。

*

有句台词，说人类是应该被谅解的，因为他们都具备多重性格。如果是以自我为中心的出发点，非黑即白，自然觉得批判甚多。但即便如此，此刻这样是对，换一个人换一个地点却可能是错。人的成长是以逐渐失去刚烈为代价的。因为你最终知道，谅解超越一切主观判断，它也更靠近真相。

宽恕别人的言行，宽恕自己的言行。如果能够克服这个过程，人会更具有力量，如同每一次举重增加的重量。获得宽恕的力量，也因此对感情具备一种高旷的视角。剥除，消减，碎裂，释灭，比占有和试图长久占有，要艰难得多。它们同时也更为值得。

在此刻你觉得无法离开的人或事，某天会自己选择放弃它。前提是心和脚步要一直前行。即便在困顿停滞的时刻，也要用力拖动它们缓慢往前走。时间总是在走动，走到它应该抵达的地方。

接受每一件事情正在发生的形态，看它自然流动，直到呈现最终定型。清楚事情的本质是怎么样，分界又在何时何处。一次次死去又复还，不断循环在跌倒处，这才是卑微。

原谅不是无视，而是容纳。一个意味含蓄的笑容。只能是各自的担当。

*

枕边听到风正掠过竹林叶梢，窸窸窣窣。光影在墙上浮动。钟声断续消失于山谷。这般共存，时不长久。决定欢愉地遗忘。

午后洗发，坐在院子里读书。一边让阳光晒干长发。

晚上与陌生人共行一段山路。顺着山间坡道，走到一座古老的唐代遗塔。回转时天色已黑，更高山峰处的人家点亮寂寥灯火。雨后空气中，松枝和野蔷薇芳香甚浓。前面有隐约人语，笑声。渐渐落在队伍的最后，只为抬头观望一轮孤月在云中穿行。

时明时晦，不改初衷。

一些事情不要去分析它。人的理性也许是低级的。到了眼前，去做就行。不必多想。事情会按照它既定的规则和秩序往前行走。慢慢你发现，原谅及忽略，胜过一切对人对己试图一清二白的企图。

呼啸而至的事物，通常都不是意外，而是已趋近我们很久，在它前来的道路上进行了很久。如果人的视线不被局限于眼前可见的范围，就可以见到它的来源和因由。让你所等待着的人和事，自然而剧烈地来到。

　　＊

真正的勇气，不是离开。是承担以及不再寻求理解，不再试图求证或者解释。即便有疑问也可慢慢等到答案。很有可能最终是自己答题。

　　＊

第三遍看这部电影。他们一起去看了一个湖。他说，不是年龄的问题，是心境的问题。也许再过十年，你就会是个冒险家。她说，你为什么要爱上我，我这样老了，我还有孩子。他说，你为什么要爱上我，我这样年轻，我也没有孩子。

她对弥留的父亲说,我爱他爱到让自己害怕。这一生的第一次。在这样的年纪。

他说,你从来没有说过我爱你,你是不会说吧。你哭都不哭。然后他说,你会变老,没有人关心你,在你病倒的时候,没有人过来对你说爱你。你会一直生活在没有爱的世界里,不会有爱的机会。他说,你爱他吗。她说,他是个好人。他说,但是,你爱他吗。

他说,没有我的生活,你可以活下去吗。她说,是,我可以。他说,等我到你这样的年纪,我会明白吗。她说,不会。他说,那我会更迷惘吗。她说,时间过得很快,犹如大雨冲过泥潭。

在飞机上,他的手心里捏着她遗留下来的一枚珍珠耳环。

*

在旷野般的城市里爱恋。用卑微肉身抵挡生之荒芜。有时这是一种拯救的可能。但仍没有比恋爱中的人们更为孤独的存在了。

*

如同深夜看到对面的高山失火,火焰熊熊,无法抵达搭救。我们曾有过的感情,它是艰难的损失,也是昂贵的美景。

*

　　写作阶段的时刻表自动发生变化。去楼下喝大杯热咖啡，持续一天工作。对自身精力的榨取和挥霍无度，也许配额会被快速用完。对强韧的人来说，他会再次申请，如同一个恶棍。

　　持续失眠，有几天清晨六点入睡，下午一点起床，写作到六点。晚上八点继续写作。凌晨一两点开始阅读。时间骤然多出来许多，丝毫不浪费。这三年思考过的问题，比过去三十年所想过的，还要多。

　　在跑步时，走路时，睡觉之前，试图让自己脑子清晰，作出清楚判断。但即使这些判断不对，也是目前唯一能够提供和支持的答案。那么就当它们是正确的吧。

　　不应在原地等待。要一边前行一边等待。

*

　　不追逐夏夜的萤火，因为知道它一旦被得到即死。微光照耀不了前路，暗夜中与之嬉耍，它仍是美的幻影。只有给予自由，才能得到不死。

　　最美的初心在当下一刻完成所有始终。它时时满溢，时时清空。彻底的行动和给予之中不会存在任何一丝一缕的人为的思虑、语言、犹豫、企图。像闪电瞬间划破天际，这种强烈会令对方难忘至畏惧。

时间飞逝，所能给你的在不断消减。这使我试图让自己的每一次付出更为完尽和努力。何必在妄想中计较和追究。不如喝茶听雨，不如爱慕厮守。这样的日子，过一天，就是少一天。

不能以外界来解决内心。只能以内心解决内心。

*

她并没有吃太多，独自走开。我清理完厨房，走到客厅，看到她抱着绒布狗熊在沙发上已沉沉入睡。旁边的唱机还在喧嚣地唱着印度歌，浑然不觉。看样子是真正的疲累。给她脱鞋袜，盖上被子。很奇怪，每次凝望她入睡时的面容，都会觉得这张脸，始终跟她刚出生时候的小脸一样。

她在路边捡起掉落的白色玉兰花数枚，说，能先搁在你的口袋里面吗。我想她大概不知道花是会枯谢的，会很快死去。庆幸的不是她的天真，而是过了小小一会，她彻底忘记了这件事。

我与她，有时饭后一起出门，高高兴兴散步。如此便有了伴侣。她喜欢让我抱。我抱着她，不觉得辛苦，感觉手臂格外强壮。一起唱歌，一起背诗，一起说话。孩子的眼白透亮得微微发蓝，神清气爽。

成人却是如何在时间里失去这一切，并日益污浊。

她像花园里的草一样，苗壮而自然地生长。每日奔跑，嬉戏，欢笑，叫嚷，自说自话，晒得黝黑。去年的凤仙花，今年在土壤里依然发出新芽。月季花苞也已成熟。植物自然的生命力，让人觉得笃实。孩子像植物一样坚强，顺其自然地生长。

*

她略长大一些，我教她发音，外公。她清楚地读出来，但这个角色早已缺席。这无人回应的称谓在空气里很快消失。我试着想象，如果他听到她叫唤的声音将会如何。也许除了喜悦的微笑也就别无其他。母亲说过，宠爱孩子是我们家里的传统。他未尝不是宠爱我的，只是自觉不够具备足够能力，因而心怀歉疚。

在深刻的感情里面总是有歉疚存在，我对于她也是如此。想给得更多，但知道有些部分自己无能为力。

我即便爱她，仍需要很多时间工作、学习、旅行。有时独自在书房关起门来度过很长时间。需要自我成长，自我教育，而不可能把自己融化掉，把内心的追求和探索化作世俗的作为，无我而殷切地寄存在她的生命里。我重视与她之间的独立和完成甚于依赖和拥有。

她在空荡荡的房间里寻找我，叫唤，妈妈，妈妈，四处寻找。

这样的时刻有一天会完尽。她会长大，出去，不再需要寻找我。每次听到这纯真的声音，内心便有一种伤感。我自获得她之后，便已做好某天送她出门的准备。愿意她在物理和内心的疆域能够走得越远越好。

她从来没有见过他的样子。等她长大，我会给她看他的照片，带她去祭扫他的墓地。把家庭在岁月中的变迁逐一告诉她。她以后会明白母亲走过的曲折的路，母亲经历过的难以言说和解释的种种，但那依旧是生命过程里平常的形态。她的母亲，是一个很平常的人。那些往事，一个下午就可倾诉完尽。她也许只是获得一种态度。这些内容使我们的人生有重量。

历史会带给她内心的伤感，因为反顾和思省。我看着她走在街上，那么小，但平静、活跃、健壮和聪颖，我想她一定会得到比我与我的父亲更为强壮的人生。

*

暴雨黄昏，失眠读借来的《大圆满》，枕边闻到栀子花香气。方言有"喷香"一词，用于它最为适宜。栀子花的香气如此质朴而蓬勃。童年时，我身边的女人们，母亲，外祖母，都习惯把洁白芳香的栀子花佩戴在身上。在南方，她们叫它玉荷花。

今日寻找一件失踪很久的衣服。喝茶，唤作兰花观音。甚美。

*

凌晨一点半，狂风大作，雷电交加，一场大雨横扫花园。场面壮观。在落地玻璃窗后面久久观望。黑暗中穿过房间去检查窗玻璃。

*

写了很多信，最后都投递给了自己。我等待一个可以写信给他的人。

*

一些年之后，我想跟你去山下人迹稀少的小镇生活。

清晨爬到高山巅顶，下山去集市买蔬菜水果。烹煮打扫。生儿育女。午后读一本书。晚上在杏花树下喝酒，聊天，直到月色和露水清凉。在梦中，行至岩凤尾蕨茂盛的空空山谷。鸟声清脆，树上种子崩裂。一起在树下疲累而眠。

醒来时，我尚年少，你未老。

心如秋月

早起去花市，买了一盆佛手，一盆青橘。赏菊，吃螃蟹，喝黄酒，看红叶。应季的事物都显妥当。人生又何来种种大事，不过是与一些微小事物以本心共存。有美，有漏，有苦，有乐。会老死，无矫饰。故应无心清赏。

南方的桂花香气犹在心端。母亲说糖桂花还是有卖的，可以寄过来给我。撒在热的糯米圆子里尤为适宜。清晨跑步，看见柿子树上挂满果实，山楂已变红。篱笆边矮丛雏菊有白色和黄色两种。想起童年时中山公园经常举行的菊展。蟹爪的花瓣丝丝缕缕，清奇夺人，不忍亵玩，摘下它也是爱慕的心。

习惯在上海一家熟悉的布鞋店里，订制绣花鞋。丝绒或丝缎制作，鞋头有刺绣，多为牡丹、孔雀、鸳鸯等传统图案。脏了不容易清洗，穿脏了只能丢弃。走在路上，常有女子特意靠近，夸赞这鞋子穿着好看。但她们觉得好看，自己却不穿。

现在很少有女孩子佩戴鲜花。月季、栀子、茉莉、蔷薇、石竹、芍药……新鲜而时兴的花朵适合簪于发际，映衬如水的青丝和面容。但是，我们对自然的美的事物反而有了一种羞耻之心。觉得它们落伍，不时髦，论之为老土。真实而恒久的审美应是一种情怀。所谓的肤泛而变幻的时尚，才是一场捉弄。

下午在咖啡店里和 G 见面。送我一串在印度买的白色小木珠，湿婆的眼泪。聊天两个半小时。黄昏开车到胡同，一起吃简单的卤肉饭。小剧场的话剧。

*

他问我，写作对你的压力是什么。是不是觉得有时不想做，又不得不做。我说，它并非不得不做，而是想到就做，这是职业的幸运。写作唯一压力，只在于它让你对自己有要求。它不停止，使你的内在总是被一团火焰胁迫和驱动。

有些人一首成名曲可唱上半生，歌迷听着一首便觉满足。有些人一种题材一个概念便复制出一组油画。写作除去流水线的商业故事小说，书写本身需要作者不断攀爬山峰。他总是需要提供出新的旅程。

火焰能量渴求储存和涌动，最终跃入深切的空虚感。

创作者与作品的关系，至高一种，是把自己当成牺牲摆放在祭坛上。

*

下午有冗长的会议。疲倦，但并不虚度。吃掉一整盒的巧克力。热水，香烟。这些在目前让人过得好。

黄昏六点的北京，一辆出租车都打不到，等候的人却簇拥。独自走进旁边的小餐厅，幸亏干净而空闲。豆腐，米饭，一杯热水，抽两根烟，倾听邻座一对中年夫妻聊天。他们打扮随意，点了一桌菜，互相斟酒对饮。话不多。（渐渐我感觉他们应是一对情人。中国的平常夫妻很少呈现出这般微妙的情致和默默共对的余韵。）再出门，夜色已黑，车流呼啸。等车的人散去。顺利打到一辆车。

晚上收到邮件。"山坡上有一处微微凹陷，长满了白色微含粉色的花。花很小，但连绵起来，真是很美。很想你亲眼看一看。我看很多东西都是美的。哪怕普普通通的东西。别人看见，未必觉得有我说的那么好。朴素是美，残缺是美，平常是美……现在幕布尚未拉起，只有隐约器乐声。事情会怎么走向，要看你如何思考与选择，以及许多外界事物共同的合力。别忘了还有你背后的那股力量。"

明亮而合乎常规的感情，让人得到安全感，逐渐从感性过渡成一种合理性。也因此渐渐失去警惕及活力。如同终成正果的婚姻，相伴多年的伴侣，顺理成章的恋情。饱足的人昏昏欲睡，追逐和捕捉的人则内心敏锐眼神犀利。

庆长，小说中的女子逐渐成形。自小有某种皮肤及情感饥饿症。

用专门章节组建她的构成，一小块一小块基石，直到荒野中一座城堡的形成。人的个性都有其源头，由此决定生命的走向。当我们随波逐流被推动很久，试图回溯这处源头，其实正代表了内在的一种自知和醒来。

她遭遇一场陷入泥沼的恋情。满身污泥，肮脏不堪。在泥地打滚辗转，如此刚强，最终费力爬上岸来。这不断沦落和挣脱的过程，用尽力气。隐藏于内的欲望和创伤做出魔鬼般试探。超越常规的阴暗感情，是一次搏斗，一次试炼。

爱的珍贵在于，我们遇见一个可以去爱的人，而非单向的被爱。被爱缺乏与自我角斗的机会。爱的人，带来妄想的破碎和内在的清醒，最终使我们看破心中执着。他让我们突破迷障，看清自我。完成后即离去。

有些人，即便彼此再迷恋爱慕，也注定无法一起生活。他们另有使命。相伴终老通常是其他的人，无关痛痒，日长夜长。这是广大的平衡，无视人内心的小情小爱，情爱的重量对它来说太过渺小。

*

人事俱非。此境不在，此情已逝。一切皆破裂损坏。这是无常的威力。人生若没有痛苦、黑暗、损伤、秘密，其实是乏味的事情。

＊

梦见海潮席卷岩石，不过离人一步之遥。梦见他骑车带我穿越无人而荒芜的空巷。

＊

陌生读者寄来包裹，围巾，两盒澳门点心，一瓶橄榄油，一张影碟。这些物品散发出私人气息。

抽时间独自看完影碟。_W.E._.。音乐和其中一位女主角艾比的表演强烈，其他不过尔尔。强烈的部分终究还是太强烈。注重情爱本身的平等，可窥见内心之不羁、压抑及用力的自我突破。人之畅快，应在于能够如此清晰地表达痛苦。

女性导演依然偏爱俊美健壮而身份略低的男子。而他敞开衬衣手指夹香烟弹钢琴的样子，也确是洒落迷人。

这个世间若说什么都是虚妄，脆弱无常的肉身和心灵，在能够温柔地拥抱、爱抚、慰藉、联接的一瞬间，即是击破空虚。以空击破空。

Abel Korzeniowski 的电影配曲。波兰人。_Revolving Door_，单曲循环整个夜晚。大提琴和钢琴。渐进和积累，控制和流动。打开落地窗，站在阳台上抽烟。乐曲在空旷的客厅回旋，幽幽震荡到耳边。

*

看完一本书，即使觉得好，日后也常常想不起其中句子，也不会使用或摆弄。也许阅读它，如同喝下的一杯清水，不过是维持日常生存。

自助，自我完善，自我教育，是一种任务。生命的明暗对半要坦然承担，尽量消解疑惑。人尝试了很多道路，试图解决生命问题，走走不通，又另寻出路。来回兜转，发自一种强大的能量。

阅读一个人的书，如同看到他的疑问，他曾尝试过的种种轨道。对创作者来说，个体的困惑，探索，自相矛盾，进退两难，却不顺服地探究。这是一种坚强。

基于时代在消费和体验上普遍的浮躁惰性的心态，不管是小说也好，电影也好，人都只能在其中各取所需。作品本身无可能呈现均衡完美，总是存在局限和纰漏。但其中重要的是，在隔膜和缺陷之中，人是否发出属于自己的真诚敏锐的声音。并终究有些他人，能穿透这些形式，听到这声音。

*

年轻时颓废流于形式，浮浅而无由，实质不过是一种妄想。妄想会被时间解决。成年后它是有过经验和实践的疑问，深陷冰冷的泥浆。除了用力寻求挣脱没有回转余地。

成年人的恐慌。我们经历和思考了很多，却依然如同年轻时没有找到答案和出路。或者说，仍不知道什么才是真正的最终答案和出路。

夜晚看到月亮熠熠生辉。很想与一人飞速驱车开到夜色中的深山，在树木葱茏的某处山腰停下，站在崖边，一起凝望山岗映衬中的明月。听着万籁俱寂，偶尔昆虫啼鸣，于北方萧瑟寒意中，彼此分享一支烟。再驱车离开回到人世。事实上，大部分美好的时刻，我们无人分享，无人对照。

只是决定穿上球鞋，独自去花园里散步。

所谓的表达，从明中剥离出暗，从暗中照见到明。从美中体恤到恶，从恶中萃取出美。从无衍生出"有"，再从有回省到"无"。（表达的最终目标也许是浑然一体，失去对立界限。）

有时我想，一个开悟的人是否最终将消解一切表达。不立文字，不做著述。内在的感悟一定无法表达。但若不表达，如何给予。他所可以被这个世间吸收的，只能是他人可以理解的部分。但若对方无法承当，则只是自己的循环。但独立的循环也许已是一种单纯牢固的真相。

当人做出表达，不应对此产生怀疑。这是坚定。

空气里秋天的气味。清冷，凛冽。大理，稻城，拉萨……那些在秋天抵达的地点，隐藏在内心的包裹里。重新轮回的秋天，想去破落古都，目证对照它旧时繁华。这也是需要在小说里处理的一处重要素材。

计划过但还未实践的一条路线，是花一个月时间浏览山西，看完它残存的老建筑。穿过陕西四川进入云南。从丽江到西双版纳。最后抵达曼谷海边。搭乘当地交通工具，搜寻偏远古老的村镇、石窟、山岭、湖泊、少数民族聚集地。在路上补充衣物和食物。投宿当地人家、寺庙、旅馆。踏出地图上一条完美纵线。

每个人心中应不时更新一条计划行走的路线。如同心里种下一颗种子，以时间和心念灌溉，逐渐形成果实。开端不过是略做准备买好一张启程票。

某些旅程是注定的任务，它会在严格的时间和心境下发生。坐长途火车，深夜住进偏僻旅馆，在灯光昏暗的小餐厅吃饭，山道上徒步，摇晃炙热的车厢中眺望异乡平原和山峦。每一段旅途。出发，跋涉，抵达，回归。最终所向并非为了抵达某处，是洞晓和获取一个新的自己。这是远行的意义。

在花园里栽种的迷迭香，薰衣草，茉莉，九里香，米兰，金银花，佛手，桂花。全都是有芳香的花草。没有香气的花草不具备质感。

这个季节，令人入迷的是风中拂面的桂花袭人芳香，凉夜挑灯阅读后的倦极入睡，以及心中隐隐约约的几分思绪。秋天临至，一切恰如其分。

*

瑜伽老师经常说的一句话：做到你此刻的极限。极限其实可以不停拓展，前提是当下要做出尝试。瑜伽的暗示，人需要稳定，尽力，专注，坚韧，对自己激发的每一刻力量做出感应和转化。并于内在得到自我平衡的源泉。

*

无论男女，我较喜欢那种心绪安静而说话准确的人。通常人语言拖沓，逻辑不清，是因为交流的背景中隐藏太多的借口、谎言、禁锢、虚荣。真正知道自己在想什么以及要什么的人，可以简洁而坦白地应对外界。他们是鞘中之剑，并不故意露出锋芒，却能在瞬间断除自己与他人的瓜葛藤盘。

读经，散步。发出和收到寥寥几条短信。

京都，一座停止前行的古都。准备把《春宴》最后一章的重要场景安排在此。一次暗夜中的告别。小餐厅里的酒醉，雨水，夜行，陈旧店铺，夜色中的寺庙。两个各藏历史却无法倾吐完尽的陌生人。萍水相逢，不告而别。

古都的命运只能以停滞的方式存在。那一年，我和 G 一起在京都，她对我说，这个城市如同死了一般。夜色中的窄巷灯笼明灭，建筑低矮陈旧。而我在所有的古都中觉得身心适得其所。

尺八是一种古老的乐器。唐朝兴盛，宋朝式微。大多由和尚吹奏。后来日本过来的和尚学了去，流传至今。样式比箫简单，音调显萧瑟，一些古老曲谱回转极为冲淡低敛。这样的乐器，适合在月色皎洁的杏花树下吹奏。或蹲踞在院落高台屋顶上，对着山河天地抒发内心幽情。但它仍显得男性化和宗教化。音色并不做悦耳之用，用以调心为佳。

在小说中写入尺八，写入一座湮灭的古都。我意识到正在书写的是一本属性极为封闭的小说，如同独自出发的暗夜的冒险。自在电脑屏幕上打出第一行字开始，它如同一处从深处掘起的源泉，汩汩喷出记忆、思虑、幻想、观省，兀自形成一个封闭的循环系统。

脱稿出版之后，它脱离我的身心。对读者来说，他们所接受到的也只能是一个封闭的循环系统。

这意味着他们所面对的是一个全然的成品，而不可能用个人判断去改变它、定论它。这个成品，或者全力接受下它，或者觉得无用无聊而丢弃它。这跟恋爱的关系是一致的。在一段关系中我们无法影响和改变任何人。正确的关系只能来自一个对等的对方。

*

饭桌边听人闲聊周作人，说且不论外界如何动荡，有些人即便想故意自伤，最终也无损于一生的作品。昨日观赏周在三十年代的手稿原迹，往昔书墨间温润冲淡之气回转。果然已是逝去的时代。

"煮豆微撒以盐而给人吃之，岂必要索厚偿，来生以百豆报我，但只愿有此微末情分，相见时好生看待，不至怅怅来去耳。"此话如此温润而后退，可涵盖各种立场。让人心生欣赏。

*

写作疲累时，在网上看一些真实的故事和报道，聊以放松。浏览这些事件的始终，人的内心所展示的形形色色的动机，试图寻找一种事物的普遍规律。（这似乎应是写作者收集和整理素材的工具之一。）但若以微距观察恶，种种起源，不过依然是内心的无明和贫乏。没有优美、慷慨、清洁、尊严。没有平衡，没有超越。

爱之中需要存在怜悯。它本是海中的船，摇晃颠簸，朝不保夕。有了怜悯，才可以成为海中倒映的云影，与大海各不相关，又融为一体。有了怜悯，爱将处于整体性的时间和空间的概念之中。人与人之间，才不会轻易而盲目地分离。

在关系中互起争执或试图伤害自己，吃药，自残，种种方式，未必都是因对方而起，而是以此为镜子，清楚看见不够爱自己。无法自爱，不能给予出爱，无法得到爱。这种被强迫映照出来的匮乏和缺失，是伤害的最大动力。

感情虚无，世事无常，谁又能是拯救。除了相信自己，爱自己，充盈自己，完整自己，没有任何其他途径可以实现人对感情模式的纠正。

情感的艰难，不在于不爱或无爱。而是爱着一个人，但已洞悉自己与对方的全部疾病，必须以后退和离开来根治。那些美好的充沛的能量，被迫强行自控。（人如何在爱着的时候，强迫自己收回爱，不再爱。这是最深刻的煎熬。）因此，在还能够全身心给予的时候，当这给予还能够流动的时候，尽量地给，完全地给。这也是让生命顺其自然活泼舒展并最终无所怨诟的最好方式。

*

　　没有比真情实意更美好的东西。也没有比无需索之心的付出更为愉悦的行为。单纯的分享和给予。把美递送给他，而不是托付给他。

　　我们对他人的慈悲，最终无非是给予每一个在身边出现过的人。给予他们些许的快乐，些许的真实和安宁。有所帮助，而不给予损伤。无论他是谁。无论他出现多久。

*

　　白瓷杯子清简，有一道裂缝，年代久远。器物幽幽散发出一股气来，使人安宁。仿佛拥有无限延伸和深入的时空感。朴素的青陶小碗，盛放清水，置入几颗温润小石子，摆放几根纤细的小花枝。与之日长夜长。

　　物品即便美，最好可以寻常使用与人的生活贴近。美得丰衣足食，心平气和。平素生活俭朴，但也应能够无所拘束地使用手工精美的器物。这是心与物之间的惺惺相惜。惜物，惜缘，一种情分。

　　铃木禅师在演讲里谈论起饮食，"即使你正在津津有味地大啖某些食物，你的心应有足够的平静，去欣赏那准备菜肴的辛劳，以及制作杯盘，碗筷每一件器皿的努力。以一颗宁静的心，我们能赏识每一道蔬菜的滋味，一个接一个的。我们不添加太多的佐料，所以能够享用每一蔬果的质地。那是我们如何烹煮食物，如何品尝它们的方法。"

日式食物自然有禅性在里面。滋味清淡，原料新鲜和应季，分量适宜，期待专注和珍惜，盘盏传递民间质朴而传统的美感。此时饮食不是简单地满足口腹之欲，而是一种整体活动。肉体，精神，意念，审美，互相作用。

"汤汁，米饭，酱菜，每种东西混在一起，这便是绝对的世界。只要米饭，酱菜，汤汁分隔开来，就无法被消化，你也得不到滋养。就好比你的智性理解或书本上的知识与你的真实生活保持分离的状态……曹洞子弟不执着于任何事。我们拥有全副修行的自由，表达的自由。我们的修行是真正本性或实相的活生生表现。"

任何人都可以试图对自己的生命有所改进和调整。日常生活，一点一滴，一言一行，这是修行。没有比这更直接的途径了。

在他试图阐述的系统里，说出来的事极为平常：吃糙米，拆下雨户，呼吸，打坐，如厕，倒茶，开门，生病，寻找……也引用具体事物：大象，乌龟，蜜蜂，青蛙，龙，电影，枕头，丝，钢铁。修行者的书籍，尝试用禅来挽救现代人狂舞在烈焰沸水中焦躁的心灵。佛法深邃，撕开一个小角，让普通的人有所领略。

"但若你的坐禅无法鼓舞人和人，那也许是错误的修行。"

佛教首先是一门哲学，一套影响人的精神思辨的系统。这位长年在美国活动的东方禅师，使用简单直接的语言方式，对西方人解说复杂和高深的命题。禅。深不可测，也触手可及，精深，也单纯。这套哲学系统，其最基础的作用是让人发现待人处世之道，接物之道，对待自身之道，帮助和引领身边的人。这样才有可能"让生命成为一朵优美的花"。

他说："有人推着椅子走过瓷砖的地板，而没有把椅子拿起来。这不是善待椅子之道，那不仅仅会打搅楼下顶礼的信徒僧众，也因为基本上这并非尊敬事物的方式……当我们小心翼翼地，一个一个地搬动椅子而不制造出巨大的噪音，届时，我们将会在饭厅有一种正在修行的感受……当我们如此修行时，我们自身就是佛，并且我们也尊敬自己。对椅子留心，表示我们的修持已超越了禅堂。"

每一篇讲稿至末，结束语都是同一句话："非常感谢各位。"喜爱这种心境。

*

M让我阅读他十年之前的手写长信。感触信中的他，这般浪漫、真实、深情、敏感。如此特质仿佛只属于夜色。生活中的他有时被迫呈现与此相悖的部分。

他对我来说，依然有一种很特殊的不俗之感。人是什么样，别人能感觉得出来。假装无法成立。

人际关系在这个时代，多以利益趋向和目标推动，而非彼此的质地或天性作为乐趣的源泉所在。这是一旦想起便觉其乏味无比之处。得到相见有清欢的人并不容易。

我倾向分享、交流、沟通、联接，但无心且笨拙于交际。也从不尝试去违背或勉强自己。若因缘成熟，再远的人都会遇见。该在一起总是会在一起。攀援不足取，而应耐心培植和浇灌自己内心苗壮的种子，让它开花结果。

最后的确慢慢都觉得不重要。不需要为生存压力应酬人，不需要为孤独寂寞应酬人，不需要为内心恐慌应酬人。仅仅只愿因为心生爱慕或欣喜而与他人靠近。

聊天一个下午。两个人沏茶喝。茶喝得多，话显得少。

*

电影 The Curious Case of Benjamin Button，Brad Pitt 扮演的角色，当他出生时，是白发皱纹的老人。老去之后，却成了纯真赤裸的婴儿。是谁说过，当我们日益成人，过往的事情，越是遥远的早期的，越会离我们近。记忆回到最初始的状态。仿佛是一种回归。

*

童年时的儿童公园。一座月湖上的小岛，地面是鹅卵石和青石板，小桥和月拱门的历史有点久。面积不大，绿树成荫。种植的夹竹桃和柳树都很粗壮。老树的枝叶全部低垂到湖面上。湖水一直是绿的，阴影处幽沉的绿，太阳光照下来，成为澄澈的绿。湖水的光和色总在变化。

一头石头大象，直直的长鼻子是滑梯。大象看起来慈憨的，眼睛弯弯，还有笑容。现在这样的滑梯就见不到了，大多是化学材料拼组成的几何形状的滑梯。有围成一圈可以转动的小座位，是木头雕刻出来的动物造型，马，兔子，牛，公鸡，熊之类，线条憨态可掬，两边有踏脚板，座位有围兜。孩子可以挑选自己喜欢的动物，坐上去让大人推动转圈。

那时的玩具，总体来说造型简单大方，材料结实，细节考究周到，颜色也淡雅。在提供功能之外，还给予孩子审美和想象的空间。我喜欢骑童车，是一种朴素的三脚童车，可以租出来自由骑行。当时很少有人家可以给孩子买童车。骑着小车在花草小径上做一次环岛旅行，小小岛屿已是天涯海角。

脚踩动踏板使车子移动的速度感无疑使人着迷。风在耳边发出声响，身体移动，周围的绿树花丛日影也在穿梭。陪伴我同去的父亲，此时通常坐在湖边树影下，拿一份随手携带的报纸阅读放松。那时他还是年轻体壮的男子。

　　这个圆形湖心小岛，一直是我心中最美的儿童公园。

　　　＊

　　梦见投宿于陌生之地的民居。我比他早起，与一老人闲聊。抬头看见窗外有巨大的石膏神像互相捆绑和牵扯，以斜线方向缓慢向天上滑行。

　　　＊

　　琴声已散，弦犹微振。此刻道别，相逢何时。

　　　＊

　　深夜漫步。山顶阁楼的灯影，河流的波纹，被四处扼制而最终抵达的路途。紫藤架，海棠花，白皮松，绣球和雏菊。佛像，香烟，一碗面条，喷泉。一个房间的结构。睡着了，又醒了。

恍若孩童，秉烛夜游。游荡在这个人间。

*

时间不够。只能是温柔而真实地去爱，以及同样地被爱。

种种争斗和计较都会被时间冲洗。如果彼此的历史，相对过的初心，一切被否定，那么这段关系已无任何所得。这才是可悲。终究，还是要留下一些美好的值得回味和感激的所在。

年少时的恋情，贫穷，单纯。午夜街头的刺骨冷风，暗淡灯光。从午夜场电影院出来的恍惚心神，紧紧牵着手，去街头小店吃一碗热气腾腾的馄饨。过马路等红灯，他俯首下来亲吻，空气中呼吸的白气，嘴唇上余留的橘子清香……世间此刻没有荒芜，只因这一刻彼此投诸身心赤诚相对。

当我们有所行动时，初衷显得可贵。一封书信，一句表白，一次告别，某种牺牲……它们决定在路的尽头，会否留下余地心存怀念。全盘否定，竭力遗忘，才是损毁。两两相忘，荡然无存，是一种失败。这种毁灭性的抹煞，有可能在之后影响到感情的价值观。

记忆是我们离开这个世间时唯一被存留下来的东西。美好的事物不容易腐烂。

*

在生命的当下，得到爱以及去爱，是柔软、安静、和谐、饱足、丰盈、坚定的心才能去做的事情。这应是一件被摆脱掉目标的事情。是一件只被感谢而不被要求和追寻的事情。

*

《母亲》成品于二〇〇七年，山田洋次七十六岁，吉永小百合六十二岁。美人迟暮，演技依旧平淡，个性温吞，只有脸完美无瑕。她的存在还说明女人应该温柔。女人不温柔，不管有没有道理，都是错误。

浓郁的日本庶民风格，普通人的生活，普通人的世间，被时代拨弄着，身不由己，却有一种坚毅、温情、爽朗和自尊的美感。这是山田洋次电影里传统的日本风格。

儿童们的童花头，圆领子衬衣，小碎花连衣裙，淡蓝色毛衣和鲜红围巾，家门口夏日的芭蕉，向日葵，西瓜，纸扇。春天吹进窗口的樱花花瓣。冬天的大雪，秋天的红叶，一年四季的分明。母鸡刚下的暖乎乎的鸡蛋。出门送客时见到的满月。待客的蛋糕。在电影里显得亲切，也如同我印象里南方家乡的童年。这样的氛围，现在完全消失不见了。在电影里，一切息息相通。他们依旧心存留恋珍惜。

勤劳，克制，有时显得坚决、固执。感情的表达有含蓄和笨拙的一面，因此显得滑稽。这是日本人的幽默，带着钝感并不机智，但朴实，略显得天真。

配角都出彩。从奈良来的叔叔，一个有点像禅宗和尚的胖男人，讲话无礼，直截了当，性格可称之为癫狂不羁。他在火车上说，我是对这个国家没有任何帮助的人。他说，一个人来到这个世界就是要寻欢作乐，要赚很多钱。他说，自己也许会在樱花盛开的时候，去吉野山上寻死。

山田洋次在电影中体现出一种有尊严的平民性，民族性格的可贵之处。中国的谢晋也是这种类型，但总觉得他没有得到更多的承认。此后，一些招摇撞骗想尽方法把观众诱惑到电影院里的导演，逢场作戏，观众任由牵引，等着被取悦。这也代表了一种性格。

*

黄昏大雨。六点半 G 来家里做客。用烤箱做甜点，给她留下一碗。她说她的母亲以前也这样，会为孩子做点心。她带来日本的传统玩具，儿童和式袍子。

在厨房里听到她一直在小心翼翼地与孩子说话。把孩子当作大人一样对待。

想起欧洲人写的日本观察，他们对日本的孩子从小穿和成人一样的衣服，感觉惊奇。但这样很好，孩子从小尝试与大人一样平等地生活。他们的儿童有更多乐趣，有属于自己的仪式和节日。中国则抛弃了那些原本属于自己的东西。小时候，记得母亲至少还在认真地过着每一个传统节日。当我成人之后，这个社会的节日经常被漫不经心地粗率地对待。

吃饭，喝清酒。喝福建岩茶。她有许多话说，话题丰富，工作、创作、文学、男女、孩子、日本作家的新作。聊天至深夜十一点半，送她到楼下打车回家。返回途中，空气凉爽湿润，嗅闻到泥地和植物的气味。

一个人能够拥有第二种语言顺畅交流，其实是打开一个通道。应该要有时间去学习语言。以及学会一种中国传统乐器。

在日本时，我与 G 一次晚餐直至深夜。刚刚下过雨，冷冽湿气。喝了酒，胸口与脸颊温暖。告别店员，撩起门帘，踏上石板道。大马路上华灯初上，人群涌动。巷子中的灯笼，伞，石板道，广告牌，殷勤告别声。一时不知道在何处。

我在雨中拍下那条巷子尽头的门牌匾，上面写着先斗町。这会提醒我以后想起雨色霓虹中的异国街头，与随缘而遇的人一起喝酒的时光。

在保利剧院看西班牙弗拉明戈舞蹈。七点半的夜场，十排位置。这舞蹈理性，硬朗，不羁而又有节制。歌声沙哑悲怆。

超市里有一种德国产的蜂蜜鼠尾草糖，浓烈香草气味，会嚼出稠软的蜂蜜。素来不爱吃糖果零食，却喜欢这种糖的配方和包装。鲜艳的黄色纸盒，绘有漫画式的紫色鼠尾草和蜂蜜。买下一包来，吃得很少，只是放在写字桌的抽屉里。也会觉得有愉悦。

车子开过郊外空无的坡道，树木脱尽叶子，远处有山影。如果一个人的一生，写了很多字，走了很多路，也许最终试图获得的不过是与自己达成和解。

"书一旦写完，记忆也就熄灭；书就像一盏长明灯，在茫茫黑夜放射出亮光……文字落入深渊。"阅读完毕一本书，作者于年轻时自尽身亡。

秋阳·创巴仁波切在《自由的迷思》中，提到禅者所在的处境，"那种情境异常荒凉，像是居于白雪覆盖的山巅，四周云雾围绕，日、月无情地照射着，下方是被咆哮的烈风撼动着的高耸松林，林下则是雷鸣般的飞瀑……究竟的禁欲成为你本性的一部分，我们发现轮回中的各样物事如何养活、娱乐我们。一旦我们看破轮回的物事都是游戏，本身即已脱出二元的执着，那即是涅槃。"

两天邮件来回，挑选图片，一直没有下楼。工作告一段落，下楼去家附近咖啡店买甜点。出门，觉得跃入大海般，空气冷冽清楚。在店里喝热抹茶。步行穿过花园。

咳嗽绵延半个月多。要平静下来。让躁动的肺平静下来，心，身体，意念，情感……——静下来。让生活暂时陷入一种静寂和退隐之中。

唯一的解决是以毒攻毒。坏的东西，让它腐烂至彻底。好的东西，让它释放至彻底。多虑，迟疑，犹豫，保留，有何用处。让一切完尽，燃烧至充分，什么也不留下。这是禅者的生活态度。

直面承当所有正面或负面能量的冲击。像海潮扑身，明知来势汹涌也不回转躲避。闭起眼睛屏住呼吸，强力承受这一切。

*

有些事情，撑起一块丝绒布盖住自己的眼睛便可。如果不被允许，就赤裸接受真相。接受撕咬和碎裂。把它们逐一消化吸收。

有时直接戳穿。有时只是闭起眼睛佯装在幻术中跳舞。

164

*

　　住在郊外房屋。黄昏出门散步一次，为流浪野猫撒饭食。黑夜交界处微妙的天色，暮色中轻轻呼吸的草木，辛辣芳香，泥土湿气，夜鸟鸣叫，闭上花瓣准备休憩的花朵……这些事物以这样的方式，在一种不起争辩的空白和停顿中度过。这种存在带给我启示。这些片刻，拥有当下的意义。

　　幼年时见多身边各式成人，日夜颠倒劳碌，为赚钱疲于奔命，身心扑出外界，忽略家庭建设和维护，缺乏对个体内在价值的开发和关注。觉得世间荒芜，人心荒诞。人的安全感及存在感可以从哪里获得。

　　人需要面对生活。但不能被衣食住行、金钱往来这样的物质存在垄断思维方式，不能以此作为最重要的价值。一旦我们的骨血全部用以灌输于俗世的目的，如果有灵魂存在，它如何回归，如何超越，如何找到它的道路……这最终会成为余生最大的障碍和困惑。

　　宇宙结构不可被猜度识破，生命结构也自带任务。如果我们局限它的存在，其实是在贬低生命的等级。

　　今天尝试把两摊内容缝合起来。关于这条缝合线，想了很久。大概列出提纲。明天继续。

*

往上的每一个台阶都会挑战身心。超越重力和习性。

战战兢兢是深渊，优雅洒落是自忘。

*

特性强烈的人最后会让对方害怕。大多数日常的人需要理性的庸常和安全。但表达中最具摧毁力的，也正是对方所具备的特性，即他所存在的方式。这种光芒即使在结束之后，也会令人怀念。特质无法被替代。

平静，达观，开阔，释然，这是做人的态度，但并非艺术的力量。真正带来震动的艺术，总是与人灵魂深处的痛苦和起伏相关。与深深的执念相关。

寂灭也许导致人失去艺术性的表达，也可能带来更为奇观的突破性的方式。

美好的事物需要付出代价，有时回避它是大部分人所认为理性的选择。避免付出，避免失败，避免折损，避免受伤。只要得到安全，得到进入人群熙攘的游乐场的通行证。

在这个时代，人不可能试图用回避或远离来获取与恶之间的距离。只能是安然接纳，正面接受袭击。敞开身心，让它穿透而去。又该如何不为所动。全然解缚，心无旁骛，悠游自在，如此这般，与这个世间尽兴嬉耍一番。

*

有时无话可说，有时一言难尽。有时是多余和无关的。有时是准确和必要的。

*

"心灵上梯己的爱——珍爱另一人独特的美并对之回应，同时对方也对我们独特的美做出回应——这是世上少有的喜悦。"（John Welwood）

*

这对他来说未必是一种损失。如果它不是他的目标。如果他从来不曾相信过它的存在。

*

独自走路。无人问候的城市。没有朋友，没有相熟的人。冷空气充足的房间，远眺山影和大桥的露台。在露台上喝茶，在房间里入眠。穿越地铁站的通道、民居和花园，窄而有坡度的道路。喝早茶的老人，孩子，男人，夫妇。集市里新鲜的鱼和蔬菜。豆浆店。日期一改再改的电影票。超市里买的白葡萄酒。深夜独自走过的路。晚上十点多的超市，一瓶鲜榨胡萝卜汁，四个柠檬，一瓶蜂蜜汁。

书城里购买繁体字版本的纳博科夫自传，《说吧，记忆》。说吧，记忆。在广场里抽一根烟。

午后下起一场暴雨。短暂地睡过去，又醒来。栖居于此。

唯独幸福徒有虚名。

*

一盏茶，一支烟，并肩静静观望庭院里芳香的桂花树。午后一场暴雨突袭，瞬心间山清水远。只有被苦痛和动荡赐予过丰厚礼物的人，才能够懂得和留住只争朝夕的欢愉，才能够理解感情之中纯朴和深远的所在。

*

能进入人内心的作品一般都是个体化的存在，它们诉说私密的语言，没有口号和野心。也有脱离社会主流的边缘化倾向。美好的感觉来自于，这个电影仿佛试图说明，即便是内心再孤僻的人，也能够在世间得到一个适宜的伴侣。

遇见他或她，与之相伴。彼此温柔相爱的力量，将给予无法做出选择的生命一次宽宏的机会。

女人的红色连衣裙。钢琴音乐。镜头里的情绪。男人的英俊和缓慢。敞开衬衣领子站在花园里的年老的同性恋父亲。电影 *Beginners*。

超市里一男一女结伴，在购物架前认真而轻声地长时间研究，不过决定购买哪支牙刷。他们也许是相爱的伴侣，共同安稳生活。一起在超市买菜，看电影，餐厅吃饭，旅行，做饭，养孩子……禁得起身心在相处中的彼此消磨。耐心、信任、付出、友情，这些转化在最后能够替代日渐衰减的激情。

那些漫不经心不被仔细关照的关系，仿佛彼此一生足够长，长得没有尽头，绰绰有余一般地浪费着，停滞着。事实上我们的生命短暂，每一个火焰都需让它簇簇燃烧起来，燃烧充分，展示出纯度。只是关系需要对方的配合。对方如果无法应和和映衬，就只能是手中的一截断裂的风筝线。不如放弃。

时间的长度是有美感的，因为里面蕴含长久的投入和相信。这是一种相互成全。外界浮躁和变动退却之后，依然保持这情感的平衡和强壮，这是一种优美。

*

如果一个男子，习惯在睡前或醒来即刻打开电视收看新闻或体育节目。哪怕只有一刻空闲，也需要打开 Ipad 寻找各式娱乐。这样的人，在彼此的关系里，能够提供的也只是乐趣或资讯，快速而肤泛的内容。深度的关系，需要与孤独、沉默、空白、停顿……一切深邃之物建立起通道。需要承担和探索。

只有对方能够容纳寂静，才能够容纳关系之中神秘莫测的深度，容纳全然的对方。

太多人，热衷夸夸其谈，脑子极为聪明和现实，思维活跃不定，情感和心灵则干涸匮乏如同沙地。人性里欠缺宽厚和高旷，实际和圆滑却太多。这种聪明并不带给人暖意。没有呼吸，没有生长。

我总是更为喜欢温柔而敏感的人。愿意手写书信，烹煮食物，种植花草，欣赏一事一物。心存热情与活力。享受情感又高于情感。只有爬上过成功的巅峰，才能懂得稍稍退后一步的余地。略带隐世倾向，不沉溺于物质和科技，个性质朴平静。

一个伴侣，是否具备心灵上的不俗的空间感，是否具备柔软开放的心性。这两点无疑极为重要。其次才是他的外表、阶层、身份……此类形式和面目。如此，你才有可能在他的身心之中收获到丰饶和充沛。

*

发生之前，是一个等待着的人。发生之后，依旧是一个等待着的人。

*

如果曾经为别人做过什么，不要事后提醒对方记得你的付出。如果别人曾经出于信任对你分享过他的软弱，不要事后以此攻击对方以证明自身强大。这均是高贵举动。

停止责备，要求。融入到各种性质的状态之中，对一切有当下的投入但并不粘滞与留恋。人的生命应随着前行渐入佳境，更从容，更明白。正视自己的生活。曾经想要的，想实现的，想完成的，最终它都会给你。这是你与它之间一直在保持的一种诚实的关系。

*

不必执着于一意一念。不必追究和计较。时间在不断冲刷浮皮
潦草的碎屑和泡沫，使之被卷走、漂远，最终把真正重要和不可替
代的部分留下。一些人，一些事，一种情怀，成为心中一座高耸的
暗绿山脉。蜿蜒，沉静。不可言说，无需示明。

清理、过滤、观察、选择每一刻自我的念头和意识，是一项巨
大工作。如同走过高处的钢索，小心翼翼，摸索前行。保持平衡是
一种优雅。三十岁一过，眼睛亮了。幻术破灭，再不用虚妄欺瞒自己。
人生露出真相。

接受残缺，半途而废，不可完尽。接受变化和结果。

相信任何事物将以它的本来面目抵达最终路途，不会更多，也
不会更少。

*

人越年长，越喜爱质朴而笃实的感情。每一段关系，需要给予
它们应得的部分，让它们在你的身上找到礼物。这是中肯而朴素的
道理。

我想和你一起生活。（茨维塔耶娃的一首诗歌名。）

172

*

M带我去他的朋友家。我见过那男子一面，记得他住在村里，租一块地，盖起房子。也不是经常在那里，有时在国外。屋子设计简易，如同一个方正的白色盒子。没有多余装饰，水泥地，白墙面，灯具很少，也无地毯、壁纸，家具也稀少。大客厅是落座的地方。面积很大，也是全无修饰。

他的家，玄关处有几尊石头佛像。一道曲折回廊，围住露天小花园。园中两棵干枯的桂花树。废弃的古式木椅。岩石。摆满一盆盆开过花期的绿色兰草。桌子上也有一盆兰花。他说，这盆是珍藏的兰花品种，叫宋梅。香气若有若无，时停时歇，需要追踪寻觅，越是这样难以把握的避世的芬芳，越是可贵。自在而倨傲的品格，绝非为愉悦别人而撩拨。这才是兰花真正的个性。

随意摞叠的厚本杂志，书籍，漆器，匣子，青花小碗，梅瓶，石雕佛像，毛笔，拓本，案石，浮世绘，书法，日本铁壶，古董相机……杂乱交错，全无章法。放在茶几上的一把古琴，丝弦断尽。两枝干枯的莲藕，线条简练。临窗木凳上，有一些形状支离的木块，也许有地理或时间上的记忆。两只佛手，干涸缩小，置于角落。细小的白瓷碎片堆陈在地上，极为细腻优美的花纹。物质携带不易被察觉的微小折损和创口。

沙发边铺了一张小床，素色被单掀开，也许午睡小憩所用。桌上有零食，柜子里多瓶葡萄酒。刚刚旅行回来，皮箱在地上翻开着，露出还未拾掇的衣物、书籍、邮递品。

客厅尽头墙壁前立着一张条案，满是小物，排列一道丝绣屏风，共有四扇，绘有梅花，水仙，紫藤，铃兰，牡丹，鸢尾，鹦鹉，黄鹂，仙鹤种种。刺绣技法先不细究，配色严谨细密，不过是单一的灰白色调，却是深浅不一的灰和白层层递进。夹杂灰紫，灰褐，灰黑等丝线点缀。

喝茶，看绣，看字，看画，谈论琐事。听他说起在美国租车赶赴一处城镇，在洋人家里淘古老拓本。各自嗑着取在手心中的一小撮瓜子。暮色渐渐深浓，不知不觉，与夜色交替渗透。由落地玻璃内望出去，露天花园的干枯花木一一遁隐于夜色之中。时间流逝得丝丝分明，井然有序。偶尔，我悄悄转头，探望那道屏风，觉得它总在对我发出声音。是一种应合。

男子烧水泡茶，简易的滤茶器，没有讲究茶具。随便取来两只玻璃杯，倒了茶水。他见我凝望屏风良久，轻声问，你也喜欢刺绣吗。起身过去，颇为费力地从大堆杂物中，小心搬出一幅来，放于桌上，让我在灯光下细看。这老物，是他在上世纪八十年代末在地摊上偶然相逢，五百块钱淘下。原本应该有十二幅，是十二个月份不同时令花草和禽鸟。最后仅留存下四幅，保存也算完好洁净。

又拿出一幅小楷字画，让我们观赏。说上面的字，艺术家一般也就只写七八个，然后第二天继续，这样日积月累，完成一个作品，每天磨出来的墨还需相同，否则字迹色调会变化。又要一口气始终屏住，作品才有一以贯之的气韵。这小楷字体似采纳了众人之长，又带有独自的气韵，看起来拙朴洒落。

人若在一个时间段里，能平心静气，创作完这样一个作品，本身也是福气。这画面上的神采如同被凝固截流，<u>丝丝</u>不差，抚人心扉。

入夜，起身告辞。偌大房间里，桌子上面一盏灯开着，角落里都是暗暝。去洗手间，看到一双运动鞋踢在墙角，灰尘扑扑。盥洗池台面上余留未及时清理的剃须，木凳上堆满书刊。

喝一杯热茶，阅读，入睡。并在睡前仔细回想这令人内心爱慕并余留清欢的四幅屏风。这一天即过尽。

*

一日凌晨五点，他发条短信给我，上面显示的是我的名字。仿佛午夜梦回之际一声轻轻的叫唤。我没有回复。彼此仍旧音讯全无。

*

再次来到一座岛屿。海水带来某种隔绝的安全感。醒来时窗外的青色山脉。海鲜夜排档。每天晚上喝些烧酒至微醺。成为一个骨骼稍有些坚硬懂得沉默滋味的成年人。时间是精确的过滤器。

试图费力推翻头顶的海水，现在缓慢沉沦在一条大河之中，跟随它走过千丘万壑。风景看完，已不知何时与自己道了再见。

"你曾经一味凭蛮力乱走，任黑暗撕扯。多投入宗教，升华自己，难道不也是一种退而求其次的选择……"L的信。

一次又一次的浪头。保持不动，让冲击过去。在不可能更糟糕的前提下，只能慢慢地好起来。要学会等待，保持信任。事物有时貌似是一个障碍，但最终是一个礼物。

*

晴耕，雨读。观鱼，栽花。点香，喝茶。抚琴，小憩。

毛笔上的小句。一心通神。

*

即便转道去了另一个方向也没有什么遗憾。人应该可以在任何地方生长。

*

翻斗乐。在海洋球里，她独自走向远处，没有畏惧犹豫，神情坦然。旁边一个三岁的男孩，在爷爷奶奶的鼓励下，仍不敢向前。她站在高台上，以优美的姿势跳跃而下。观望她，使我对她有了新的了解。她有一种骄傲，关注微小细节，极为敏感。我默默跟随在她旁边。看她旁若无人。

有夫妻两人带孩子来。也有爷爷奶奶或外公外婆带着来。也有母亲和女儿带着孩子来。观察他们，是一种乐趣。不同的性情影响着各自的孩子。他们的神情，对孩子来说很重要。

一个半小时后，她疲倦。去三里屯吃饭。点了沙拉、田螺、橙汁、蔬菜煲和米饭。去超市买日本大麦茶。在出租车上入睡。

*

在古都寺庙，瞻仰一尊千年银杏木刻佛像。壮美温润，没有被洪水或战火毁灭。抵抗住屡次崩塌。那也许因为它足够强大。铁塔阶梯窄小，渐渐觉得心肺略有压力，眼睛微微昏动，却在石梯的尽头突兀看见前方雕刻一尊小小青石佛像。微光中与之照面的瞬间，仿佛遭遇自身隐藏的真性真情，此刻交会不可闪躲。只有铮铮发声的灵之碰触。

写作《春宴》，尝试用一个虚拟的故事，寻觅和接近对从未得到过的精神故乡的想象。这样的实践注定是牺牲。这些文字，是当面撕扯一段锦帛的裂响。也是独对幽谷发出的回响。

孤独。我们最常想起和谈论的话题，无法用语言和文字表达精确的话题。它是血肉中深深彼此镶嵌的一枚黑暗核心。如何与它共存。除了承认它，接受它，别无他法。要能够容纳它的洞穿。这强大的同盟和敌人。

在孤独中接受洗礼的人，知道他自己在承受什么。

我知道问题是什么，同时也知道，它们无法通过敞开或讨论得到解决。只有时间才能带来可能性……不要试图让我写信谈论自己，即便我知道你是善意。写作是危险的事情，它是悬崖边上的幻术。人试图寻找得到强烈的生命存在感，最后却要通过识破和消灭它才能踏上归途。

命运给了你特别的安排，让你穿越过树影如牢狱的山谷，跋涉过深而远的路径，临渊而立，看到天际不可言说的光亮。它想让你可以讲故事给别人听。也许这就是任务。

*

相看两不厌。海棠花满月门的架子床。

*

你怎能够预知自己与它邂逅，只不过恰好经过时，它突如其来在头顶之上爆发。

*

下午去 Y 的家里。木地板，白墙，白麻布窗帘，素木家具。定做的书架很实用。一个静谧的书房。家里最重要的是个人性收集的物品。这是确定一个家的氛围的基调。她的厨房摆满瓶瓶罐罐。卧室里有一个旧坛子。整面墙壁的白色衣橱。

送了一盒淡墨樱给她，她很喜悦。给予人的并非只是物质本身，有美和情感在其中。

喜欢去人的家里做客。比起餐厅之类的环境，坐在别人家里的客厅，很舒服，角角落落有属于对方的个性和气息。感觉彼此很近。在家里招待客人，让他们住上几天，或者去别人家里住上几天。睡不同人家里的床，吃他们提供的食物。都是有意思的事情。

年轻母亲穿桃红色上衣，黑色短裤，有一种优雅和顽劣的结合体。她的孩子两岁左右，是个健壮的男孩。我想这个男孩应该会很容易爱上他的母亲。

在书店看到《与神对话》，翻了几页后买下。此书据说连续占据《纽约时报》畅销书排行榜一百三十七周。但一个人决定是否要阅读一本书，与其如何畅销没有关系。重要的是在最初翻动的四五页里，有无迅速达成某种共识。

不知道它在中国会销售如何。此类关于灵性追求的书籍，需要社会的人群在内心真正生起困境和需求，才会进行渗透。但现今中国社会的价值观仍以物质追求为信念，人们关心赚钱、娱乐、消费、名利甚于关心自己的心灵。混乱嘈杂的生活，是否有空间容纳下这场你问我答。

若大众的兴趣点聚焦在低级层面，此类书很容易被当作成功指南，而被忽略它高级的价值。书腰上一串影视明星的广告显得多余。事实上，这类书应是提供路径让读者与上升的哲学意识产生联接。它代表心灵的开放性和探索的限度。

不世俗，没有野心，不哗众取宠，也不内在封闭。只有抵达过极限和高峰的人才能够做到。山下的人不行。

            *

做了一个梦。他也在。天下起雨，我说外面肯定没有晒衣服。走过去一看，阳台外晾晒了很多衣服，且已全都被淋湿了。

*

入睡前，在暗中，有时会感觉到一种内心深沉的平静。如同感应到一种联接。进入一座隐藏羊齿和清泉的山谷。得到一个拥抱。许下一句承诺。完成必会被照看和实现的祷告。

*

母亲。你有很多旧而美的棉布衫。你蹲下身迎接我进入你的怀抱。你在我睡着时抚摸我的手和脚。你有时眼含泪光。你有时微笑。你教我背古诗，你在睡觉前给我唱歌。你凝望我的眼睛。说你爱我。你有时不知所踪。你又回来。你背着我在雨中的花园徜徉。你的眼神孤单。你在月光下踱步。你在午后微风里，摘下一朵盛开的月季，郑重地递于我的手上。你让我嗅闻花瓣的芳香。你亲吻我的头发。你在老去。

*

师父说香枝燃烧成一截灰，只为了拥有一段过程散发出自己的香味。这是牺牲和承诺的象征。

玄关用沉香，书房用白檀。也用藏香和印度香。在京都买的各式香纷纷都送了人，留下一盒藤袴，气味浑厚幽然，略带辛辣。偏爱这种有重量感的香味。是一种紫色草花，又叫兰草。（中国名字也许是泽兰。）香味有一种刚烈气质。

幼小的孩童站在浓密树影下，抱着小猫或者在巷子的一角午睡。明亮的眼睛里，有一种容易破碎的困惑。他们在嬉戏和时间的河流中漂浮，生长。他们是成年人内心一些小小的影子。我不记得自己拥有过这样好看的图片，撕下心爱的几张，随手贴在墙壁上。

晚上去药房买藏红花，步行前往。整段路程来回大概两个小时。穿了布鞋，走速很快，天空月朗星稀，空气凉爽。走过一座路面开阔的大桥，感觉到大风在耳边呼呼作响。桥下是大片旷野。

喜欢这样的走路。觉得生活也该保持这样用力而没有迟疑畏缩的前行速度。

*

他写来的信。"有使命的人会受到庇佑，路会越来越宽。"

*

当真正的时刻来临，人从未有机会获得一丝犹豫。

*

　　每一个写作人会遇到的考验是，除了虚构或记录他人的故事，自身所遭遇的那些离奇而复杂的事，最终是否具有勇气把它们一一写出。

*

　　一些事物在脱去光彩外衣之后，陡然冒出污浊而膨胀的现实。人所依存的爱与望可否经受住人性的质疑和考验。这是重复的经验。

　　你爱过的那些人，在起初貌似完美无缺。当他们逐渐四分五裂变成一堆碎片，你是否仍能用掌心托起和保存。你爱的是他人的属性，还是他们的面具和形式。

　　普通的日常男女的爱，大多都是变相的索取。占有、支配、操纵、填塞。奥修说，一旦有了性，爱就不见了。真正的爱，只能来源于自身的平衡和浑然一体，即我们体内的男性和女性彼此和谐及融合。这句话值得仔细回想。

　　下午咖啡店和 M 见面。他说现在每天在家为比他年长十岁的女朋友做菜，红烧桂鱼做得不错。我说我将出发再去欧洲。一个小时后告辞，他去睡觉。

　　我与她走到夜色花园的一处荒废的平台，她轻轻欢呼，我们上船了。我说，这船开往哪里。她说，去杭州。这是我带她去旅行过的城市。她记得。

　　早上给她穿上熨平的整洁衣服，梳头，带上手工缝的布包，水壶。牵着她的手，送她去大门外面等车。她紧紧抱着一只绒布老虎。芳香美丽的小人。

　　下午接她。远远地看到她在花园里，其他同学在荡秋千，转木马，她是插班新生，站在一个跷跷板旁边，独自晃动一端。没有人跟她玩，说话，或投诸注意。她看起来只是若无其事，自得其乐。神情自若地被孤立。我站在树林外面，看到这个脸蛋圆圆的孤单的小女孩。人世万象，她务必最终自己去面对和解决。

　　活动结束，孩子们排成队伍，被老师带走。她最小，排在第一个。

　　鼻梁右侧有被指甲划伤的血痕。但她说不清楚，也丝毫不在意。

*

　　吃了肉丸和土豆泥。她想买一只绒毛小熊玩具。我说，我会给你买你所需要的东西，而不是你喜欢的东西。因为我们会有很多喜

欢的东西，但不可能全都得到它们。你要渐渐知道什么是克制和珍
惜。

*

十一个小时的飞行。频频起身，去机舱尾巴服务处要冰水喝。
站立在后面，观望轰鸣声中昏昏欲睡的疲倦旅人。

北京时间凌晨两点多。客车接送至位置僻远的旅馆。房间里有
一张白床，一台小尺寸彩电，卫生间明净周到。窗外映出长而竖直
的杉树，夜空暗蓝。车子疾驶过马路摩擦的沙沙声响。我意识到这
是离长久居住的地方有一万公里之遥的位置。脑子里出现一个地球
的模拟球体，想象自己在区间物理范围上的移动。

此刻，我是一个在时差倒错中失去睡眠的人。置身陌生之地的
客房，远离历史、陈年往事以及旧有定义。

不知为何，我享受这种陌生感。走得越远越觉得安静。

*

雪山顶上。一家五口人在周末出来游玩。两个老人，一对三十
多岁的夫妇，带着推车里大概一岁多的男婴。那壮实的婴儿脸颊冻

得通红，浑身被羽绒背囊裹起来，脑袋却是光着的，手也露在外面。父母完全没有想过要给他戴帽子和手套。山顶寒意凛冽，白雪皑皑。远处是重叠的雪山美景，映衬下午晴朗的红蓝色云霞。

在山顶木桌子边停顿，点一根烟。黑色飞鸟在身边扑闪翅膀，三三两两流连在桌子上，与人亲近。山坡上三个身影缓慢移动，是一对父母带着五六岁左右的孩子在攀爬。父亲背着行囊走在最前面，母亲和孩子走在后面。逐渐靠近山顶，还有八百米左右的路程。他们需要爬多久时间，是从哪里开始，完全无法猜测。看起来都已很吃力。小小的孩子显得镇定，不拖拉，不抱怨。父母是带领者，也是真实的榜样。

山顶古堡里的咖啡店。爷爷戴黑色礼帽，穿黑色礼服，白衬衣领饰有黑色丝缎蝴蝶结。奶奶满头银发，个子娇小秀丽，身材保持得如同二十五岁女子。穿紧身衣裤，线条紧致有力，与银发极不搭调。举动轻捷，神情活泼。年轻夫妇及其孩子反而显得普通平实。

穹顶上悬挂线条简洁的黄铜枝形吊灯，充溢咖啡和草药茶的香气。奶奶开始对孙子孙女讲故事，大略在讲解古堡历史以及旁边地下酒窖的来历。她的白发梳成发髻，黑色高领毛衣，戴着首饰。脸上没有风霜痕迹，涂着鲜艳的正红色口红。

莱茵河边的小镇。正午时分，街道冷清。几乎所有商业场所都关闭，除了偶尔几处餐厅。路过一家面包店，进入吃简单的午饭。一杯热红茶，两半剖开的暗褐色全麦圆面包，夹新鲜奶酪和草莓。

坐在桌子边，长时间步行之后的疲惫。满屋子暖融融的食物芳香气味。一对老人进来，是住在附近的居民。要了两杯咖啡，两个三明治，面对面坐着，晒太阳，慢慢吃着食物，一边轻声说话。之后，丈夫拿出报纸，戴上眼镜阅读新闻。妻子逗弄另一个客人带进来的小狗，也开始看报纸。

他们习惯戴婚戒。已婚人士的左手无名指上，均佩戴一圈戒指，不点缀钻石和珠宝，款式简洁，郑重的允诺。此地老年夫妇经常出没于公开场合。牵手散步，看书展，参加公众图书馆的读书活动，在火车上给彼此读报。这种情景在中国很少见。中国的老年人，生活范围狭窄，大多忙于家务琐事或无所事事，热衷看电视，打麻将。家庭状态也复杂。因为情感和利益上过于依赖纠缠，相处反而失衡。要么过腻而起争端愤怒，要么过淡而疏远冷漠。

是感情不够充沛不够温柔不够长久不够平衡吗。家庭关系显然也需独立而丰富的生命模式和完备的体制系统作为支持。需要信仰，需要社会和个体对待生活与感情的价值观来支撑，需要理性和感性的平衡。

＊

火车把我从德国带到瑞士的小城 Z。与其说它是一座城市，更像一个小镇。

不足一万人口。中心广场路面由鹅卵石铺就，标志性建筑是教堂，周围零散书店、鞋店、服装店、超级市场、巧克力店、婴童衣服店、咖啡店、酒吧、餐厅、工艺品店、家居用品店……还有一个二手物品店，售卖七八成新的大衣皮包鞋子。可以坐火车去更大的城市，比如伯尔尼或者苏黎世。有些人，家在小城，工作坐火车外出，路上也许花费四十分钟或者一个小时，并不拥挤。

安娜和她的先生彼得，在当地中学教书。瑞士教师收入高，安娜和彼得的住宅临近森林，算是高贵地段。白色房子二层结构。一楼：玄关，厨房，餐厅，起居室，书房，工作间，客房，洗手间。二楼：很大的主卫生间，主卧室，三个小卧室，和一个小书房。面积大约有六七百平方米，折成人民币价格后，相比国内的标准十分合理。在北京或者上海，同等的价格无可能买到同等环境及建筑物的品质。

打开窗，看到绿色山峦和草坡。步行数十分钟，进入古老森林。屋前的花园面积很大，以树林作为天然屏障与邻家相隔。

他们年过五十岁。五个孩子成年后离开家庭，有些长居国外，在国外工作。最小的儿子读大学，偶尔回来。

两个相伴多年的伴侣，把时间用在教书、阅读、学习弹钢琴以及旅行上面，很少顾及打扫。家里并不整洁。即使有客人来住，也自然袒露原有形态：抽屉半开，衣服拖在外面，书房里的书堆在地上或翻开着，不拘一格。卫生间镜子、水龙头和盥洗用品水迹未曾擦拭。因为空气干净，木地板和家具上倒不见灰尘堆积。

不看电视。起居室里堆满书籍、画作、CD、旅行时带回来的工艺品。住在这个房子里，从未听到过电视的声音。彼得钢琴弹得不错，清脆的琴音经常悦耳地响起。他说他刚学习数月。

安娜安排我住在二楼的客用卧室。两面开窗，视野和光线好。床上铺深蓝色棉布床单，枕头边放一小盒巧克力，系着丝带，是她赠予的礼物。

早上起来，拉开窗帘，楼下霜雾浓重的花园，隐约能听到鸟声。房子门前有一棵姿态闲雅的枫树，红色掌形叶子在清晨冷霜中尤其鲜亮。这里人少。路边的大房子寂寥无声，窗口垂挂白色蕾丝帘幔。

每次经过一棵巨大橡树，都可听见它的果实坠落在地上的声响。捡了七八颗橡子，饱满光亮。决定带回家，搁在书架上。林荫路径鲜少见到路人。偶尔遇见一两个出来遛狗的人，走近，会主动又显矜持地微笑示意。

一次雨中，看见一个男子推着一辆婴儿车，胸前兜着一个小婴儿，打着伞，提着藤筐，步行去山下的超市购物。一个多小时后他往回走。他的家在山顶处的大房子里。我在那花园里见过堆积的劈好的木柴以及那辆婴儿车。

*

　　早晨。安娜在餐桌上准备红茶、牛奶、橙汁、黄油、面包、咖啡、蜂蜜、果酱。这几项内容固定不变。我一般只要两片黑面包，喝一杯红茶，就算结束早餐。然后穿上外套，出门去山里漫步。

　　有时下起微雨，清冷雨丝扑打在脸上。平缓山坡，一路空旷绿意。偶尔可见穿黑色大衣的男子牵着大狗走过。穿运动服的情侣结伴跑步。山腰上的苹果树，深红色苹果无人采摘，熟透后坠落在泥地里，慢慢腐烂。安娜做过一次烤苹果的甜点，烤软后的苹果味道酸涩，采的是自己花园里的苹果。

　　野地里苹果无人采摘，他们种这些树，让鸟来吃苹果。很老的苹果树结出来的苹果也是不甜的。一路观望植物，走到山顶，看到驯养的麋鹿，休憩在大树浓荫下。公鹿一对巨大的华美犄角，让人惊艳。安静的眼神全然不惊惶。

　　在路上我遇见安娜，她骑自行车带着藤筐去中心广场购物。露天集市有新鲜的应季水果和蔬菜。今日，她欲在家里宴客，藤筐里装了食物和酒瓶回来。宴客的菜式简单，唯有美酒矿泉水和甜点必备，重要的是相聚、喝酒、聊天。晚上我从咖啡店做完活动回来已十点多，上二楼洗澡睡觉，安娜的宴席依旧。欢声笑语不断。

　　她是活泼开朗的女子，身材苗条，也许跟骑自行车及简单新鲜的饮食有关。穿红色高领薄毛衣，合身长裤，手腕上戴一只中国玉镯，不化妆也显得神采奕奕，显示出充沛活力。她拿出一本世界地图，翻到中国的页码，与我交谈。让我看她女儿在印度的照片，讲述她在意大利的美妙旅行，也谈论对文学和作品的看法。用英语交流，一旦谈到深处，总觉得辞不达意。但依旧是开放而真诚的沟通。

他们对待客人的态度自然克制，有适当热情。

渐渐习惯在白色大屋里和这对老年夫妇的共存。闲暇，步行越过铁路轨道，去其他人家看看。尤兰达是在家工作的广告设计师、摄影师，先生是音乐家。他们的房子略显拥挤逼仄，只有一间工作间最宽敞漂亮，墙上挂着蝴蝶标本，有钢琴、画作、工艺品。大桌子是她先生写乐谱的地方，到了吃饭时则成为餐桌。音乐、书籍、绘画等艺术形式是这个小城里每一户普通家庭中不可缺的元素。他们享受艺术和审美。

*

有时坐火车出城去旅行。略花些时间，抵达地图上的地名。去伯尔尼，不仅仅是因为爱因斯坦，当然他令人着迷，拉小提琴，与儿童通信。伯尔尼看起来古老，街道、建筑、石块散发静谧气息。艾尔河由雪山上的雪水融化汇聚而成，河水清澈，冰冻彻骨。商业区的廊道结构十分特殊。卖古董娃娃的店铺隐藏在地下楼层，造型略带诡异的古老娃娃售价极昂贵。这是伯尔尼的爱好。

苏黎世有一种华美堂皇之气。

晚餐在一条古老巷子的餐厅里，应季的狍子肉、栗子、蘑菇、甘蓝，白葡萄酒加苏打水。吃完饭，巷子里灯火明灭，很多年轻人出没，附近有表演脱衣舞的色情小酒吧。我和一帮人一起，在夜色中搭了公车去另一个街区的酒吧。那条看起来荒僻和工业化的街道，有许多售卖古旧的二手服饰的店铺。橱窗里的塑胶模特，穿的都是上世纪六七十年代流行的衣裙。

灯光明暗。垃圾、涂鸦、铁锈随处可见。这条街道的气息令我兴奋起来。它仿佛是苏黎世华美衣袍下隐藏着的一条阴郁而真实的血管。也许这才是我想象中的欧洲气质。

　　*

维 C 对感冒有效。逐渐感觉好转。

觉得没有调整回来。入睡时空气的湿润度不同。那个晚上，安娜在楼下客厅里宴客，爽朗有力的声音隐隐回荡。彼得练习钢琴，琴声时常响起。习惯了早晨醒来时，先拉开窗帘眺望楼下霜雾深浓的花园。下楼喝红茶，吃一片黑面包，去森林里散步。越走越远，越走越深。心里安宁。

回到北京之后，不再有那片森林。他在夜色中说，这里有新长出来的蘑菇。白色蘑菇仿佛小小的谎言，隐藏在草丛里。一条夜路的对岸，是山上人家的点点灯火，全无声息。当时我想，如果在这样冷清的地方，住上数月，每天只是做饭，跑步，阅读，写作，那会是不同的生活。

在苏黎世的跳蚤市场，买了一串古老的石头。白发老头不断重复这是十分古老的石头。决定相信他。把这串用深蓝色棉线串起的斑驳残缺的红色晶石带回家。穿白色或者黑色衣服时，可以搭配。

下午Y来家里，带来儿童书，美丽的罐子，桂花。礼物让人喜欢。我送她日本香，书，印度茶。她跟孩子玩耍，吃了晚饭。一起喝了红茶，橙花茶，梅花茶。

*

所谓的关系，重要的不是在情感本身得到的愉悦，而是在彼此的思维深度里获得愉悦。只有这样的交会，才会有可能获得途径渗入对方生命。当我们真正爱一个人的时候，不会想去控制和支配对方，也未必要在时间的限度里始终彼此占有。

当你爱着对方的灵魂，你会更客观和自在地对待彼此的肉身及现实关系。

人应该得到美好的事物，但不应由它来决定悲喜得失。花丛中经过，一身落英缤纷，双手空空。这当下的碰触即刻便是意义所在。

时间最终会带来解脱。重要或者不重要的事物，在最后纷纷露出它们的本来面目。

不要轻易去挑战或考验人性。人性禁不起这些。它需要的是保全，余地，推挡，遮盖。若你单刀戳入，必然破绽百出。不要尝试去击溃任何人。只有真正强大的心才经受得起真实和杀戮。若你有怜悯，应善待和接纳那些心灵的软弱和暗昧。

看多世事，何来理所当然的愤怒。不过剩余淡淡的失望，淡淡的温柔。人类的狂妄和自得，无需一一拿出来讨论。试图研究和判定对错是无聊的事情。人只需自问，最终能否看得清自己那颗心所露出的种种破绽。

*

我爱慕通晓智慧的人。在某些时刻他们仿佛会发出一种微光。

*

黄昏时如常运动。工作压力依旧存在。今日改写另一个故事的结构，四到五万字的改写。幸运的是改写后的结构看起来似乎更有活力。

写作长久之后，无法轻做断论，不再妄下审判。痛快淋漓地抱怨发狠，谁都曾有过这样的明净和干脆。成年人慢慢面目模糊。当你日益探清世界的某些秘密，你知道很多真相不可理喻，也无可言说。

只关注外界变动或空洞概念的写作，不过是沙丘上描摹的花哨图案，浮浅点缀很快会被时间抹去。面对真实的写作只有深沉的疑问永存。艺术创作无法从根本上解决终极问题。但在提问时我们感觉到内心对答案的期待，近同发愿。表达和阅读，使这种愿望流动。汇入更多人共同的疑惑和苦痛，转化成一种净化和实践的能量。

一些读者也许喜欢能够引起生理反应的书，笑或者哭，有欢愉或者惊怖。需求一本书如同药丸、鸦片、烟草、酒精、毒物……诸如此类直接刺激大脑皮层。但文本的核心其实是内收的。它如同禅所阐述的本性，是平滑的洁净的明镜。在阅读中它反映众人的知见和感受，自身独立清明。

写作者的立场，可以被各种主观阅读猜测评断，可以被断论包裹。但这独自的核心是一种坚定。它被抚去重重灰尘腐垢之后，依然呈现一如既往的初心。

有些作品需要隔段时间回顾，需要距离来实现重新诠释。对个体来说，吞服下黑暗，或者返观自身深沉难辨的黑暗，这个过程需要勇气。

*

他在微光模糊中与我告别。在某一刻我依赖他，如同曾经依赖父亲。看到他头顶白发日益地增多，手上的皮肤渐渐松弛。

*

用半生织就一匹锦绣绫罗，又用半生把它逐渐拆解、团起、安置。

*

一起驱车数百公里，看两座古老的庙。均遗留自唐代。

已弃用的古老寺庙，空无一人。大殿壁画正在逐渐消失中。光线里浮现千年之前描绘的层层叠叠的面容，轻扬的眼角眉梢，从容的线条。这个绘画的人，心里该有着一种怎样的静。肉身已灭，只有他所相信过的在轮转。

这狭路相逢般的美，把人穿透一般。在被强烈摄受的同时竟产生微微的惊惧。生怕猛然一照面，与壁画上某张熟悉的前世的脸在暗中重逢。

即便前路迢遥，我也会义无反顾地奔赴你。如果这是一个约定，我们会在永恒的时间河流之中打上照面，并彼此相认。

　　＊

　　长久思考一些问题，感觉到僵滞或不可动，有时貌似没有途径。但事情也许并非如此。身心的变化在行进，痛苦不断切割意识，同时重新锤炼内心结构。所有的痛苦都是有价值的，它代表问题被有活力地推出。只有提问，才能获得解答。

　　控制心态、情绪、意志，这是重要的事情。播下的种子会得到结果。

　　去美术馆看西班牙普拉多博物馆的馆藏艺术珍宝展。那些十六、十七世纪的古典油画，大多以宗教、宫廷、贵族、景物、肖像为主题，细腻凝重，华丽端美，声势惊人。当代的艺术无法与之相比，显得轻浮，讨巧，浅薄，媚俗。为之感慨。一幅《花瓶》似从幽暗光束中扑跃出来，闪闪发光。度过愉悦的半日。

　　买了四只白盘子。简洁的波浪形曲线边缘。

　　＊

　　爱是一种心得，而非结果。这个字负载着难以言喻的警惕和敏感。

*

欧洲片让人舒服，他们对广漠的政治的断论的立场式的诠释并不关心。在意人存在的体验，关注内心、感受、情绪、心理、人性的真实幽微之意。客观冷静地观察和拆分，进行切割。

"你有真正地爱过别人吗，想一起白头到老的那种，哪怕看着对方戴上假牙……在一起会让我们彼此更好吗？"

《一切从性爱开始》或者《色情关系》，也翻译成《情事》。他们本是陌生的男女，也无意在现实生活中纠葛。只是相约定期在旅馆见面。性爱镜头收放有度。相互给予的热烈温柔的性爱过程，敞开身心，无所顾忌，触及到肉身感动的底线。那一次，他们在旅馆门口分手，女人泪流满面。旁白响起，她说，一切太好，因此我感觉到巨大的空虚。终究还是从肉身过渡到内心，爱上彼此。

一番坦率直接的表白，使对面的男子泪出而难以自禁。在浴缸里说起生活和记忆中的点滴往事，互换生命的真实。心里却已一点一点地清醒，相比起现实中占有关系的陷入和纠葛，爱似乎以结束告终才是永恒。于是，再没有见面。很久之后，她偶尔在街头邂逅他。他没有看见她，她在暗处默默远望，旁白说，他英俊如昔，而我看见他依然心为之颤动。

长年住在法国的美国女人戴布拉，在专门论述法国女人的书里写道，对于法国女人来说，两人关系中，感情的完整性存在于体验当中，仅此而已，不必追求结果或最后的结论。这是典型的法国式视角和他们的情感教育。

因此，对中国观念来说也许是违反规则的难以承当的男女关系，对他们而言，没有邪恶，也不污染。不下定义，不拘形式。态度不轻浮，对此间幽微给予全然尊重。剧中台词说道，做爱，很多人觉得禁忌，肮脏，也许不愿提及。但它难道不是一种爱的实践吗。

帕斯卡说，心灵里有理性无视的原因。人。太多的人。但终究谁是那个赤裸与你相拥一起触摸肉身底线的人。庸碌的现实，局限的人生，如何面对和解决自己的内心。欲望与情感，最终带给我们的是归宿还是沦陷。无解并无损于它们的优美和复杂。

*

雨中夜行。蜂蜜绿茶。手腕，耳朵，留在手指上的香气。凌晨一点三十五分。

*

一句男人的台词。"我们有时候抛弃一切做出改变，可能是并非为了任何事情而做出的一个决定。"

我决定去看望L。他持续写来邮件一年之久。坐高铁四个小时。

没有在外面吃过一顿饭。他认为现在餐厅不可信任，决意在家里买菜做饭。特意买了贝壳与鱼。他与母亲在厨房忙碌，我在他的房间里小睡。摆设简单，朴素，如同一个高中男生的生活状态。脱下外套，躺在他的硬板床上，枕巾上有淡淡气息。窗外是亭子和桂花树，高直的梧桐树在风中晃动树叶，发出声响。疲倦，内心安宁，难以入睡。

晚上出去散步。没有路灯的石径绕过夜色中密密树林，途经一座明代的碑。用手指抚摩清凉的碑石，划过镌刻其上的字体裂纹。走过一段路，他于灌木之中摸出早先藏于其中的盒子。里面有一瓶梅子酒，两只酒杯。

在草地上铺了一块垫子，喝酒，说话，时断时续，有时沉默。一轮明月升起，远处树影晃动。话语在此刻多余，于是默默并肩一起坐着，眺望远处脉脉山影。

住了两晚。之后坐高铁离去。在车站分别时，已入了检票口，又返身回去拥抱他。心里清楚是感激的缘故。这个举动于我是一个突破，却感觉到久久的心安。

我们说了太多的话，却最终仿佛什么都未曾说过。如同水融于水。不过是几日安静的互相陪伴。

*

晚上七点多跑步。天色全黑，云层细碎，月亮趋向逐渐圆满中。路上泥水潮湿，清冷萧瑟。雨后的泥土腥气和草木气味。野猫蹲坐于路中，目光炯炯，即使有人靠近也没有逃脱。路边有倾倒的大株向日葵。

人有时会很想跃过一个极限。抵达终点之后，把一根紧绷的线挣断。

不要试图把过去延续到未来。故意忽略无常，意味着惰性和贪心。将会因此而不自由。

需与这个世间——贴身过招，最后仍称赞春花秋月。

*

第一次见面。她站在玻璃门里面，推开门，看见他站在喷泉前面，迎上来。那一刻他的脸上仿佛发出光来，眼神有欣喜。这个同样的人，后来对战血肉横飞，直至各奔东西。那个初见的眼神却一直记得。每每想起，内心都有一种哀婉的柔情和暖意升起。

我们卑微脆弱，配不起天长日久。若说曾经爱过，也就是这样的一瞬间。只有这一刻的光华。

误解重重的关系，勉强而辛苦的关系，都是有障碍的关系。有些关系支撑点偏颇，无法得到牢固和紧密。而人依旧执意爱上不合常理的对方，心里认定无价值、错误、扭曲、恶劣，却难舍难忘。黑暗携带着被激发的力量，一次次戳穿，一次次挑战。对毁灭和击伤的嗜血爱好是一种天性。

恨太用力，因为它坚固不动。而爱是流动的，渗透的，无形的，充满的。恢复对人性的宽宏，感觉得到泉水的清洗浇灌。这是自我恢复、调整、完善的过程。

黑暗的对手最终让关系成为污泥沼泽，深陷其中，身心疲累。试图爬上岸需要付出加倍力气。这关系反复刺激人的创口。对方与自我的污脏不能被随便撕扯掏挖，尸体横陈。这是禁忌。恶一旦被挑明必然肆无忌惮，如同出笼野兽。

真正的灵魂伴侣提升和促进彼此能量，而不是消耗损毁，更非堕落和挣扎。即便这些困难最终也许是试探和训练，但需付出强大的意志才能应对。因此相爱务必要小心，距离过近要选择光明的人。跌落的男女关系不能带来愉悦，只有试炼。

*

恩爱。首先是恩，其次是爱。照顾，悯惜，责任，承担，牺牲，给予……这种种一切强悍过单纯的欲望和爱慕。行动强过语言，责任重于兴起。前者意味着更持续更久的力量。

欢喜让你多得，甘愿多做承担。不支配，不追究。没有好胜的心。没有多余的眷恋和粘滞。有些话不说，有些事不做。爱究其深刻，难以用语言表述。究其日常，不过如斯作为。

我们在一张陌生的面容上寻找属于自己前世的线索和依据。茫茫人海中看似盲目却内心极为清楚分明。与其说在寻找一个人，不如说是在寻找能够让自己完整的部分。有所亏欠的，要填补。有所付出的，要获取。循环本身就是一种平衡。

在一部以书信和音乐取胜的电影里，最后结尾，爱人远去再未相见的年轻女孩，最终成为一个平静而衰老的妇人。即便无爱，人仍能够在孤独中优雅而有尊严地老去。有何不可。骄傲地自处，胜于在关系中卑微而损伤地碎裂。如果没有深切的爱恋，宁可独活。

珍重应只属于值得这份珍重的那个人。如果随时给予，这会损伤它的价值。把内心储存的爱的力量，汇聚成黑夜之中的一场祷告。某天你将与之重逢。

*

山上禅修三日，仿佛山下红尘翻滚过去三月。打坐，习禅，止语，入睡。

*

禅是独走钢索，战战兢兢，随时会跌堕，又警惕灵敏，感受身轻如燕。一种极具挑战性的思维训练。外在稳定，内在每一刻充满突破和分裂。流动无限生机，极为活泼跃动。

在内心深处，你最终会清醒地知道，什么时候是开始，什么时候是结束。时间也会以它的方式提示你。如此看来，过程中的种种波折起伏，如不可逃避的幻梦一场。只需训练自己知道，什么时候是在做梦，梦终究会醒，因此其中的困惑或迷惘并不值得畏惧。这样就已足够。

*

无常是雨后的柿子花，山雨欲来前的雷电，山顶繁星闪烁。识别这一切背后所存在的巨大的动荡和宁静。

*

　　早晨他见到自己与她一起去了辟雍。开阔殿堂里尚没有游客，
河道里荷花稀少。不知年份的树木，夏日闪耀的阳光。她穿一双绣
花鞋，鞋面绣着金鱼和花枝。他撑起一把伞，举过她的头顶。心想，
我愿与你这样一起老去，孤僻自持，清欢淡足，忘却门楼外的尘世
和流年。就这样度过一生。

人杳双忘

清晨，穿过花园，带着书和笔记本去咖啡店。仰起头感觉太阳的光点在眼皮上的跳跃。嗅闻一杯热咖啡扑出浓烈芳香让生活呈现出的有序。

步行。保持耳目和心专注。言行简单。用纸笔手写日记。

M最近迷恋上气功、穴位、中医等课题，热衷与我讨论保健和养生。我对这个话题并不关心，但没有当面与他争辩。肉身是一具皮囊，我不愿把时间过多用在精心维持和取悦。运动、化妆、美容、娱乐、按摩、购物……诸如此类，它们在一个大目标下仍是琐碎而不足道。生活中有更重要的事，而时间总是不足够。

对我来说，饮食洁净，工作及时，过一种质朴而丰富的生活，即是所愿。睡前醒来，在床上安静读完几十页书。一边听音乐，一边烹煮食物。暴雨午后煮水喝茶。在电脑前坐下来，写字和工作，保持八个小时。结束后上一个半小时的瑜伽课。清扫，整理。旅行，看戏。逛书店，在超市买新鲜食物。与朋友在咖啡店相聚小叙。与少量人维系亲密而真诚的关系。用书写与更多的人发生内在联接。这便已足够。

世界貌似总在发生更重要的事，经济，政治，战争，变革，大时代……究其最终，与我们发生真实关系的，却不过是一些细微而个体的事：童年，父母家庭，伴侣和孩子，爱，性，付出，索取，欢愉，挫败，一封书信，一段回忆……关心人性幽微的小说，展示的即是个人存在感。这对个人来说是最重要的事。

　　*

　　问题没有想通，需要继续想。直到想清楚，形成结实骨架可以支撑余生。即便是深入骨骼的替换，也只是在一种寂静中发生。寂静地迁移、泅渡、填充、坚固。写作是一种长期的需索代价的自我解决。理清楚内心的脉络，一事一物，各自归纳安顿于它的位置。

　　倾诉最终会以沉默、祈祷、忏悔、救赎的方式，渡船过岸。

　　冬天，在家里放置佛手和梅花。前者有古意和拙朴，后者则疏朗和清雅，悦人心目，都可回味。花谢之后，干枝还可继续插在黑色陶罐里，摆放于墙角。人与花可心心相印。

　　有人带来远方山里寺庙摘下的新鲜橘子。经历火车一路迢迢，依旧皮色青翠，滋味清甜。这样的小礼物，能够让人心里好几日又暖又静。

*

"在面对大地的劳动生活中，总是会有正直的健康的东西。信仰使人认真，这在物品的制作上会得到反映。好作品的背后总是有道德和宗教的存在。清贫之德这样深奥的学问，可以通过这些物品很好地去领会。"

柳宗悦的《日本手工艺》开机印了六千册，想来读者是小众，也许局限在研究设计或民艺的人士之中。一本写在上世纪四十年代的书，书中观点貌似倒退而又先进，即便出现在如今的艺术杂志，也一样清醒独到。

美是健康。健康是寻常，无事，一种淳朴和正当的状态。世上没有比平常更高深的境界。佛心即平常心，别无他物。按照传统方式制造出的器物是稳重的。

日常生活蕴涵着文化的根源，器物是最直接的载体。传统的力量给予一个国家的文化以固有的性质。对器物的观点，最终反映的是我们在生活中自处及相处的个性。

他说记录它们是"我们必须重新认识日本，必须通过具体的物品来关注日本的状态，这样，我们的正信才会苏醒"。把正信的检阅和恢复工作当作写作一本书的根基所在，这发心着实值得尊敬。

＊

　　张爱玲给胡写信："我已经不喜欢你了。你是早已不喜欢我了。
这次的决心，我是经过一年半的长时间考虑的……你不要来寻我，
即或写信来，我亦是不看的了。"这封分手信，据说写在一个暴风
雨夜里。一个女子的自重。她把一个已摔碎的万分喜爱过的容器碎
片，默默挖开泥土埋了。再留恋也不足惜。就此诀别。

　　我对胡兰成并无异议。他的文字有一种境界，此处天地没有冷
漠，没有分辨，没有警惕，残缺与丰盈融为一体，不分你我。也没
有抱怨和责怪。只觉得春光恰好，人与事完好无损。花好月圆是一
种境界。他游离人世范畴，而张爱玲扎根于世间。这段深刻而纠缠
的关系，始终是她不原谅。

　　不原谅的关系，通常意味着曾带来难以撤销的满足。

　　世间还有谁会比他更懂得她的美。他说，读者于你，不过是人
来人往看灯会，广大到漠然的相知。只有我想为你闻鸡起舞。说出
过此般言语的人，当下一刻已然足够。有没有最终在一起，有没有
共度余生，是否爱至生厌，是否离世前互谅……也都是无关的事了。

＊

　　远处山影，公寓楼的屋顶，云团，暴雨。独自去广场地下超市

买午后的蛋糕。看书，睡觉。疲倦。睡眠是一种安慰。

保持沉默以及佯装不知，这是退。退缩，一再退缩。让那个单纯、清晰、清洁的内核慢慢褪显出来。

每次告别，她都是说一声再见，头也不回地转身离开。她说，也许你觉得这很无情，但我认为这是一种克制。我说，我现在更愿意站在原地目送他人，因觉得这样会让对方感觉安全并且长久。

　　＊

最后一道工序。搜寻和删除打印稿里每一个觉得略有多余的字和词。这种洁癖没有来由，但我知道这是在让自己满意。删除多余，随时清空，去除累赘，保持简洁明晰。这种方式只是在训练我识别，什么对我来说是真正的重要。

在无边际的窗框里，在那面湖边，在飞鸟消失的淡云边上，我看着你微笑的侧影，看着你的美，脆弱，愉悦，和无力。我知道，属于你与我的一生，已然完尽。

所有的执着，贪恋，不甘，在于我们本来就不完美。守候数量有限的柴薪，观望火焰。你知道余烬冷清。你知道黑夜漫长。你知道孤影摇动。你知道时间在流动变迁。幻觉注定不能固定成形。不去擦拭它，它也在褪色。不去裁剪它，它也在破损。

他说，这所有的篇章都很美，但凑在一起却无法鲜明凸显。稠密的美大概令人觉得窒息，以及这种高强度的主观的情绪和意识，带给人阅读上的难度……我自然意识到这种种问题。自己写下的文字，每一行都能明白它的来源。但人的一生，需要某个任由一意孤行的阶段。

创作未尝不是一种作茧自缚，遵循执念的力量。与心中的这头兽嬉戏与搏击。不管正确与否，这是内在的激情。让它喷发是一种自由。

*

有些人在庸碌人世从不惧怕面对两件事：及时行乐。死亡。这种人有赌徒天性，有一种沦落和跳脱的美。他们有些出现在记忆中，有些成为书中一再出现的人物。

我对这种人物总是有某种兴趣。在另一个层面，他们所面对的是"被无明和执念所打败的羞耻心"。

*

一切在渐渐好转。这是直觉。

*

去年写《表演》，今年写《长亭》。爱里面若有单纯、热望、期待，意味它会同时联接失望、邪恶、冷酷。这即是处境。短篇小说自有其简洁复杂的天地，与长篇小说不同。

"他说，我非常疲惫。有时候，我在你这里一觉醒来以为已经有了一生这么长。我说，你现在已经醒了。但一生却还远未曾过去。"校订旧稿，如此回头重读十年前写的东西。需要修改的标点字词，不胜其多。为诸多表达的单薄和缺陷而不满，也为某种年轻而真诚的情感而触动。

早期旧作是写作者的负担。若生命力顽强，流动于世，它意味着你不被允许撤销成长的凭据。

一个写作者对自己的第一本书，总有矛盾心理。不想回头看望它，也无心把它拿出示人。别人偶尔提起心里有羞愧之意。一段百味杂陈的过往，如同并不值得赞颂的初恋。过程很肤浅，很多细节都已忘却，不是理所应当的那种深刻。但它是个印记。

很多第一次都不是完美或荣耀，但却是出发和实践的象征。

已校订到《清醒纪》。早期作品对词的过度和重复使用，是未经训练的任性和粗率。到后来，每个词清洁到不进不退，不再多余。这种义字的洁癖自觉是逐渐被确立起来的。后来基本已不存在可以被再删的词。阅读时，看到简洁的文体，都觉得是同好。

＊

《梦溪笔谈》里面一则小故事。颍昌阳翟县的杜五郎，传说不出家宅篱门已三十年。有人去拜访，杜生对来客笑谈并非如此，因为十五年前，他曾在门外的桑树底下乘凉。不出门，不过觉得对时世无用，也无求于人，所以不再出门。以前靠给人择吉日和卖药谋生，后来有了田地，儿子能耕种，能靠田地吃饱饭之后，就不再去和干同业的乡里人争利。因为贫困的人只能以行医算卦养活自己。

问他平日里做些什么，说，空坐，问看不看书，说，二十年前有人送给他一本书，书里多次提到《净名经》，他并不知道那经文，只觉得对书里的议论十分喜爱。到了现在，那些议论也都忘了。书也不知道放了哪里。说着这些话的杜五郎，在隆冬穿着布袍草鞋。屋里只有一张床。唯独"气韵闲旷，言词精简"。

这故事读起来充满禅意。杜五郎是得道的人。

把书房所有书籍分类整理。所有旧的收藏多年的书，都是爱的。重复看的固定一小批，十年如一日。至今为止，买中华书局的书最多。希望他们以后有年度剩书处理计划，滞销的书低价出售。

睡前阅读时光，如同一段小小的祷告。

和 E 见面。他穿海魂衫、黑色毛衣和运动裤，人未变形，有一种男性气势。聪明，有想法。发表了一些观点。比如，现在这个年龄让自己尽兴和满意是最重要的。人与人之间需要以底线来互相撞击，测量范围。现在不需要敌对和斗争的力量，需要的是平衡，完善……诸如此类。

他是一个在思考的人。他也在逐渐成为一个现实的人（而这恰好衬托出一种旺盛而脆弱的理想主义）。期间他说手抖无法给我点烟，家族里有老年痴呆的遗传病。因此，"人与人之间不及时地好是不行的。"离开餐厅时，我看到他衣服穿得很少，外面寒风正烈。让他等在里面，自己出去帮他拦了车。

　　　　*

写作是一个体力活。身体需要跟进心和脑袋的运转，承载情感和理性的对峙。练习跑步和瑜伽十分必要。

在山上跟师父学习禅坐之后，早晚半小时渐渐在身体里形成一个沉着的系统。

把一小盒白檀香枝拆出来点了一根。封盒的白纸上写有慈照寺，觉得眼熟，是以前在小说提纲里起过的寺庙名。至今小说中所起过的地名、人名，偶尔会在现实中有对照，有时完全相同。奇异的遥遥呼应。仿佛很久之前我曾见过这些人、这些物、这些地方。

深夜清洗下午用过的茶具，想起"笙歌正浓时，便自拂衣长往，羡达人撒手悬崖"。一时忘记是在哪里读到这样美好的句子。

*

持续最后的改稿，这周将交出围困已久的长篇文字。休息时读《圆觉经》，心里万籁俱寂。

*

与人相见，一起喝茶或喝杯咖啡，胜于在喧闹嘈杂的餐厅里吃饭。外食的材料和制作方法不能保证新鲜和安全。来家里吃饭是亲切的事情。粗茶淡饭是其次，见面饮酒倾谈才是关键。如果有好酒，好茶，好话题，足以弥补一切。吃什么是其次的。怎么吃却是重要的。

几次在寺庙里吃饭，印象颇深。有人来加汤加菜，这被供养的饭食不能挑拣而应心有感恩。身姿端正，全心全意，把碗里的食物吃完。保持安静，不说话。没有评价，也不过剩。在如此心境里面，它是甘甜饱足的。儿童应在寺庙里生活一小段时间，这样他们会学会如何吃饭，如何面对食物。

在一个成年女子的生活里，厨房的位置渐渐显得重要。少女时代，没有一个女孩会想在厨房里停留。最好吃饭也是匆促，放下饭碗即刻奔赴天涯海角。母亲自我从小到大，未曾要求我做饭和洗碗。因为不经训练，对厨房里的工作缺乏常识和技巧。成年后，很少煮食给男人吃。通常男人会做饭食给我吃。

一次阿姨来访，无意说起，小时候在乡下玩耍，那时我幼小，她是小女孩，没有玩具，淘气无知，从屋檐里捉了燕子下来，两个人一起玩耍。当场被别人斥责，因为农人都极为爱惜燕子。在南方流传的说法，女孩子只要玩耍过燕子，就不可能再做出好吃的饭食来。所以阿姨说她也不擅于做饭，吃男人做的饭。

把一块牛肩肉，用橄榄油、意大利香醋、蒜末、红糖、百里香、柠檬汁混合起来腌制。在冰箱里放置一个晚上，第二天中午拿出来煎制。在对食物的耐心处理之中，人学会对各种丰富外因元素的体会、实践、筛选和择取，对偶然性和必然性的排序及客观心态。对不可知的许可及等待。

现在慢慢喜欢上烹饪。收集菜谱。有时在厨房里劳作是愉快的事。把电台打开，听陈旧老歌，逐样摆弄。泡在大玻璃瓶里的水果酒，各种水果按照季节的顺序放进蒸馏酒里，慢慢颜色泡成了深红色，大概四个月之后可以品尝。一边做，一边清理。等待间歇，可以看着窗外的花园，让自己喝一杯。

结束工作或家事之后，走进厨房。有一个玻璃橱柜，专门盛放这些物品。各种茶杯，茶壶，泡茶工具，竹制品，杯碟盏碗。碗上绘有古朴简约的松针、花卉、云朵，白底青花。有旧朋好友或远方客人来，挑选若干取出来，清洗拭干，在上面放置坚果、水果、点心、花枝，泡上一壶清茶，桌边小叙。对着小杯小盘，眼目也是清明喜悦的。

从各式茶叶中挑选适合当下心情的一种，洗手，烧水，沏一小壶茶，端到餐桌上，坐在桌边眺望楼下花园。早晨，午后，黄昏，深夜。小花园的光线和场景总是在变化着，那些远处的高楼和天空中的云层。花园广场里有儿童聚集在滑滑板，响亮的笑声和叫声，在隐约处低低回旋。滑板轮子上的发光装置闪烁出彩光。天边有薄薄云层。有时空气里还有食物剩余的气味围绕。

这样的时刻于我，与内心深深联接，因此获得静谧。

*

罗马街头。白发老妇穿天蓝色绸子连身裙，头发挽起发髻。涂鲜艳口红，手里拿一把折扇。让心满意，这很重要，超过现实存在的任何层面。欧洲女子是那种即便上了年龄仍保持恋爱心情的模式。愿意精心打扮自己，戴闪烁耳环，眉目舒展。

保持爱的敏感和活力，也许是身为女子在世间应该负担的一种责任。

一个女友，四十岁左右，挽松垮发髻，五官平淡，涂大红色指甲油和口红。烟酒无度，时间只用以享乐和虚度。笑起来眼角绽开无数密密细小纹路。逐渐年长起来的女人，某种秘而不宣的过往与眼神中的平静映衬，欲言又止的美有无限吸引。

认识的一些外籍女子，穿的衣服和使用的化妆品并不昂贵，但舍得把钱用在昂贵公寓、法国矿泉水以及高级香槟上。这是与某些中国女人截然不同的心态。后者会颠倒这顺序，省吃俭用磕磕碰碰，只为买一只奢侈的名牌包。

*

那天的一个梦境，见到少年时候的恋人 K。他与我分头睡觉，在床的那端哭泣，身体抖动，哭声十分压抑。醒来之后，心里有对彼此深深的怜悯。

*

表演已结束。勿留恋忘返，勿黯然神伤。真正的戏子四海为家，转头即忘。

*

你既已知道人生如戏，更应该尽力演出。搭起的舞台，过了一村便会沉入暗中。此刻我在台下仰望你，且把你装扮的艳美和哀伤，毫无节制毫不惜吝地交给我。如此，曲尽人散后，你仍会在我身心之中存活。

*

"贪爱沉溺便是苦海。一念清净，烈焰成池。"在火车夜行车厢里读到的一句话。

见师父，他说"感情的痛苦会伤及灵魂"。我想痛苦都有前因，后果则需接受、承担、偿还。应让前来需索的对方安心离去。这个前因是生命的重要任务之一，也可因此而完成自己。《春宴》的主题也在于此。

书中的这些人，他们在这个世间如同所有不能如愿的人，怀有永久的火焰一样的欲望。不可能把它试图割裂或者熄灭。在欲望中存活，在没有欲望中死亡。

在每个人的心中，存在着两个孩童。一个温柔，向善，天真，需求拥抱，倾向给予，朝向光的来源。一个敌意，警惕，顽劣，偏执，以黑暗和争斗为食。我们需要穷尽一生来驯服和看顾这两个孩子。

他们有时平静共存，有时你死我活。其中任何一个死去，心都将失去活力。

对于带着任务来到世间的人来说，他要穿越的是被提前设定的磨难，一切障碍背后均有深意。此时，最应避免的是被周围的人群困扰，被他们的模式和言行制服。如果你试图跟其他人变得一样，其实是违背了自己的本性，也在对抗支持在身后的这股深意。人所能做的只是一意孤行。

生命不是用来展示于外界或他人，不是由这些来损毁或成就。对他人无需评判，也不必追随。每个人都在临及自身的深渊。彼此的道路各不相同，也无法仿效。人所存在的根本意义，是用来完尽自己的任务。它是一个人的事情。

因此。只需清楚自己在做些什么，并为这些选择付出代价。

*

每次写完一本书，生活即呈现出短暂的停顿和空白。早上起来有时不知道一天要做什么，如何起头。但我警示自己一切正常，保持镇定，默默存活。如同走过被劈开的海水。旷野之中仰起头望见白日的云柱、夜色中的火柱。人应寻求指引，同时接受推动。

终结某事，即意味着它是完整、平衡、完尽、超越。

结束一切工作。下周启程去日本两周。

*

一头兽，一处活泉，一个孩童，一个僧。

*

东京。教授带我去隐藏在巷子里的餐馆。店门外建了一格一格水池，养着金鱼。来这里吃饭的人，顺便观赏金鱼，买金鱼。遵循微妙而准确的节奏，食物陆续递送过来。吃完一道撤走一道。菊花花瓣腌制之后品尝。切开的柚子盛放新鲜鱼片，淡黄色体积很小的橙，有浓烈芳香。南瓜、红薯、芋头、莲藕蒸熟而食，不加调料。

与季节性相应的一顿晚餐。清雅食物。日本酒带来的微醉。

在地铁站告别。他站在入口处，目送，轻轻挥手。进入地道转角，回头看顾，对方还伫立在那里，依旧在挥手。在日本这种方式很是常见。这样的礼仪在我的记忆里，在童年幼小时常有，在家门口，车站，路口……现在就很少见到。人与人之间似已失去一种清淡而婉约的珍重感。

小瓷器店铺。从各地搜集独特的器物：咖啡杯，碗，盘子，筷子，布料……摆放在木架上。店主是穿着布衬衣系围裙的中年男子。选了一只碗，一只杯子。瓷器上的花纹是鹿，樱花，山岚，树枝。一块染织布料，陈旧的颜色看起来素简。这也是店里最好的艺术家的作品。

他大概满意我做的选择，问我是否喜欢猫。我说喜欢，他便从里间抱出一只大猫，慵懒娇宠，是金吉拉，让我抚摸观赏。并在包装纸袋上用彩色蜡笔快速画出一张猫脸，即兴的举动。告别时拿出一包当地的特产小吃芋干，让我带上。

*

坂东玉三郎的三场歌舞伎折子戏。鸠居堂的毛笔。

*

旅途不是走马观花的景点游。最好能够真正进入这个国家的日常生活。哪怕时间短暂，也要用自己的眼睛去观察和印证它的细节。在大街上走走，在小店铺里欣赏工艺品，在小餐馆里吃当地人做的菜。与手工艺人们交谈。与当地人接触。

很多时间花在博物馆和美术馆里。看到浮世绘和琳派难得一见的大型展览。

美术馆看客主力，大多是老人和家庭主妇。他们成群结队，风尘仆仆，有些特意从外城赶来。与中国的老人与主妇相比，他们的生活更拥有一种探索和发展的活力：看展览，看演出，学习茶道，学乐器和绘画，寻找风味餐馆聚会，到处旅行……这个社会能够真正享受闲适和充实人生的，是这些已经历过人生创建阶段和重要波折的人。孩子成年和独立之后，第二个人生开始。重新焕发出新的生命力。

在地铁里，见到背着小提琴赶去学习的人。坐在车厢中阅读书籍的人也有很多。

根津的小巷。家宅和小花园别有洞天。每一家面积看起来都不大，建筑有些年头。庭院角落摆满各种盆栽植物。一些没有顾客的小店，潦草摆放诸多收集的可爱之物。店主人只是默默在阅读、剪花或擦拭。与其说是工作或一种谋生方式，不如说是生活内容的一部分。是对待时间和事物的一种心得。

*

古董店。楼梯狭窄。二楼房间摆满杂物。玻璃，瓷器，玩具，画框，首饰，碗，盘子，漆器，木偶，杂志，明信片，画册，音乐盒……

见到童年时玩过但现在早已消失踪影的玩具。店主人相守一房间的旧物品，与它们一起变老。

浮世绘老画。四只描有四季花卉镶螺钿的漆器盘子。

*

最后一天。坐地铁去涩谷西武百货，买棉袜、羊毛衫、书、樱花白茶、点心。表参道看能剧。表演和观众有长时间的停顿，如同逼近极限的寂静。日本的性格即在于此。不热衷于喧哗的盲从的烟火气。这种静和清冷，这种仪式化的生命审美方式。

结束后在一家餐厅吃饭，喝清酒幻露。聊天抽烟。坐地铁回酒店。

*

夜色中抵达京都。入住八席的房间，面对庭院，舒适古旧。榻榻米上的白色厚实被子暖和，辗转片刻即入睡。下起一场夜雨，纸屏风上的松竹枝叶倒影晃动。早上雨停，松针上满是水滴，拿出相机逐一拍下。

*

　　狩野元信的壁画。文具店买纸墨笔砚，抄经纸。吃鳗鱼饭。坐于庭院晒太阳。老牌京菓子店吃点心。南座剧院的歌舞伎演出。荞麦鸭面。月华香。许下心愿。溪水潺潺的竹林。夜空中的白云。

　　餐厅的菜单用毛笔手写，草书的洒落。纸张印有一朵朵飘坠的樱花，用了很久，纸页被磨得断了纹路。两张对页纸马上就要分开，仍没有更换。柜子下一叠一叠摞着粗朴器具，店员使用的姿态，看似搭配妥当又极为随性。这是时时刻刻都会一再提醒人享用的方式。如同绿柳蓝湖之中，搭配一座朱红木桥。

　　雨中登上清水寺对面的山林，遥望寺庙的木制高台。

　　鹤龟庭院空无一人。路边喝咖啡抽烟。中午吃鲭花鱼寿司。下午去一保堂茶铺，大雨，后停。吃茶点。在寺庙殿堂榻榻米上静坐良久，巨大的松柏盆景十分壮美。

　　到香店补买了喜欢的香。

*

　　对奈良有一种淡淡的乡愁式的牵挂，虽在此地只停留一日。

大雨滂沱中游览法隆寺。雨后初晴的午后，流连于旧巷子。窄长的青石路，杂乱交错的电线杆，墙角边秋菊花盆。整个深秋午后，空气里没有什么声音。我童年的故乡已被改造成商业气息沸腾的新城，奈良却停滞在一种旧日的意兴阑珊和波澜不惊之中。

写给 M 的明信片，"时时一言难尽，尽处已是对岸。希望世事变迁令我们更为强壮并复返纯朴。"

*

对无常的认识能使人不再惊怖。偶尔别人赠予一只水晶盘子，不小心跌碎，也不过扫一扫，把碎片埋入泥土。

如果已决定放弃，就无需再把问题剖开。如果尚有希望，且相信时间带来的结果。没有想象中那么重要，也没有想象中那么糟糕。一切都好，不必追究。让事情自己推动。这是事情本来的样子。等待自然地发生。

再次下了一场雪。走过荒凉花园里的厚厚积雪。

各自的悲哀都应只付诸自己。对别人来说，这些不重要也很卑微。

*

　　世间有时会呈现乏味的一面。每一个人都想证明自己不出错。每一个人也都同样地表里不一，自相矛盾。对他人各式言论和知见因此无需多言。让它们喧嚣之后各得归宿。

　　做个懂得适时缄默而保持笃实骨架的人，有其必要。

　　身心有时干燥得微微散发出一些清淡的芳香来。把老珠子戴手腕上，有一种安定感。

　　下午与 M 一起在阴冷天气中去新街口买古典音乐 CD，他帮我挑选。他注意到我穿在身上的一件粗花呢大衣，猜出它来自一位同性倾向的设计师，风格偏向上世纪五六十年代的古典情结。他说，你要穿对衣服，这很重要。

　　他对我在东京购买的白色蕾丝长袜也很感兴趣。遗憾没有带相机可以拍下它。说它突破日常生活规则。我仍没有领会这个敏感的男子的意思。对他说起近况，说自从尝试打坐，已很少抽烟，喝烈酒。也几乎不爱吃肉食。这并非被强制，而是真实地感觉身体和心不再需要。

　　照例说了一些话题。说到及时行乐，M 认为应把它理解成为一种实践的能力，在当下尽可能把内心意愿转换成强烈而明确的行动，而不论断它是苦还是乐，也许这两者都需要得到行动。实践来

230

自时间一分一秒正在度过的方式。但我们还未来得及谈到相随的危险性和承担的问题。

他很瘦，从荷兰寻找大麻回来。五年之前他带我去一家巷子里的日本面馆吃面。我们都想再去，却发现面馆已拆。转道去了云南餐厅。之后去茶馆喝茶。深夜接近凌晨时分各自散去。夜空兀自落下茫茫一场飞雪。

我用旧棉纸包了一些干腊梅送给他。去年冬天，寺庙门口的腊梅树开花。庙里师父采集了一些，存在红色圆盒里当作礼物相送。回来后放进橱柜里一直没动。等到夏天，铁壶烧水，热水泡开一撮干燥的腊梅，汤色金黄色，有清香。三泡之后无色。虽是南方记忆里常见的花，却是第一次喝到它的滋味。

我说，你喉咙疼的时候可以喝它。他随手放在大衣口袋里。

雪花飞舞，我伸手在空中轻轻抓了几把，觉得愉悦。

*

大雪茫茫下了一夜。白日冰雪消融之后，一切暴露无遗。依旧是茫然的大地和空虚的城市。雪仿佛是幻觉。

*

中午与 S 吃饭。她内心如此热烈丰盛，却并未在世间找到可对应的人。人过中年，感情生活仍动荡不定。我看着她耳边一对珍珠与玳瑁镶嵌的美丽的耳环，觉得她每一缕发丝都在散发出荷尔蒙气息。女人天性就是为情爱而活。这是天性。我对她说，丝毫不用觉得软弱或者怀疑，就要这样走下去。

世上的感情，无非分为可完尽的和无法完尽的两种。原因各异，不用分析。可完尽的感情，以努力和果决相对，即便付出大的代价也把它承担起来。不可完尽的感情，且把它当作一个礼物，善待对方，尽量给予快乐。到此为止。

人的一生，能够得到身心统一有始有终可完尽的感情，机会稀少而珍贵。大部分人未曾得到过匹配的伴侣。不过是面对现实的一种分裂而机械的维持。两个人在一起却无法相容的孤独，有时远远强大于独自一人。

两个人的特质会互相激发或者压制，这意味着，在一些人面前，我们心中的火焰陷入沉睡。在另一些人面前，它会被激醒。有些人使我们感觉自己变得很差，无法接受。有些人使我们成为更好的自己，甚或产生一种突破。情爱是不熄灭的火焰，应交付给合适的可承担的人。

被烧灼仿佛是一种代价。人要经受住投入和用力的堕落。

*

时时注意自己各种起心动念。一旦注意，才可能去溶解它。不要让心受限而成为铜墙铁壁。不自我折磨，也不伤害对方。

*

你有澄澈的光，朴素的美。骨骼里负担长久的祷告。我们的约定真诚，它必会实践。

*

睡前阅读开篇顶礼的第一段：愿自生大手印能庇护你，让所有稳定的和变动不居的事物，滚入一个状态中，以坚定的喜乐如闪电般的套索，让一百零八个结使都消失无踪。

读完整句，无来由泪落不止。

*

年末最后一个晚上如此度过：独自在家做简单晚饭，米饭，鱼子，水煮蔬菜。孤军奋战，为杂志赶一篇万字小说，写完三千，也许持续到深夜。明天第一个清晨，准备早起沐浴，步行去寺庙。

在山野中度过童年的人，与城中人比较，性格里会有其他形成。渐渐感觉到与母亲相似的个性，外表倔强，内心赤诚，宁折不弯，是不讨巧的脾气。所幸遇见良善的人多。偶尔回想前路，叛逆刚硬虽被折断多次，但也因此而走到更远的路。

有终结才有开始。新年即将开始。洗手净心，祈福自省。

一些事情的出现应让自己能够变得更好，而不是糟糕。或者在变糟糕之后能够导向一种猛烈的调校。经历将会是一种实践和积累。沉淀之后，带来全新进阶。

＊

有些话可以不必说出，也许不过是各自认为的真实。有些事情可以不要求分辨，也许不过是各自认为的合理。这世间哪有错过的人或者做错的事。凡是发生着的就是对的，它们精准无比。

＊

与台湾编辑签下新小说的繁体字版本合同。在三里屯一家小餐厅里相处很久，看稿，讨论。告别时，他也许刚看完小说，有感而发，说，每一次写作的过程，其实是穿透一种痛苦。因为这般经历，在现实中也许你再无法天真地去生活。

*

　　暮夜交接时分，看到浑圆月亮，在旷野天边悬挂，清辉熠熠。为了多看它一些时候，特意步行更长时间。风很冷，人迹稀少。这样的时刻于我充满一种莫名而强烈的寓意。在花园中走了很久。

　　产生一种愿力，希望月光流至心里，彼此深深渗透和联接。

　　十年文集出版。"日影飞去，字入水中。"

　　文字原本属于人对自身生命的处理和完善。微小人类的言论不足道，由凡人创作的文字作品也多有缺漏不足。一个作者写下文字，最终不过与自己的生命相关。一再浸入重生的河，在残缺的镜中照见幻世的影。

　　这些故事和文字之中带罪的人，用造设铺陈来做清洗。表达、理解、哀悯、释放。这都是清洗。他们是海中的孤船，荒原里的野草。

　　工作结束之后想把作品搁置。面对自己现实中生命的问题，如同从一片潜藏许久的大海深处猛然跃起。火热阳光刺戳额头眉心眼皮下颚，身上水流泄空，心里空洞明亮。

生命中有一扇门始终没有打开。为此你尝试先打开了所有其他的门，最终还是返回到那扇紧闭的门前。务必要打开它。回来和解决都是迟早的问题。

*

"你只管走自己的路……同时要允许别人走他们自己的路。"摘句。

*

要始终迈开脚步移动，即便不知道前面是什么。信任行动胜于一切言论和妄想。

*

十个小时以上的漫长飞机航行，适合读书。尤其适合阅读一本繁体竖排密密麻麻费解难懂的书。在一个有限的被停顿的时段里，人被迫专注。一些重要的书基本都是在飞机上读完。

买了一副新的耳环。绿色和蓝灰色的水晶及月光石镶嵌。

航行经过一片白茫茫冰雪覆盖的山岭。忘记了在身边沉睡过的人，梦中只见到麋鹿的犄角划过深绿灌木。你赠予我的宝石项链，一掉入湖水就化成了水滴。过去已去，未来还没有来。现在我在这里。

*

摩天轮，巴黎。世间的某些部分需要你的相信，某些部分不过只是一个游乐场。

在旅馆房间。清晨醒来撩开窗帘，听到叩击玻璃窗的分明雨声。光线很暗，不打开电视，有时在小圆桌边默默坐着。在一个很远的地方，但并没有离开自己。这种如影相随的孤单，在长久的自处和过滤中，逐渐成为一种安然。

一次小型的演讲。男孩特意坐火车来听我说话，众人之中起身说，我来看你，心情如同来看望恋爱中的一个女朋友，心跳得这样快。他应看到我已不是那个写《告别薇安》的二十四岁的年轻女子。他也许已无法继续阅读我的新作，比如《春宴》。但这份惺惺相惜的初心仍令我心暖。不知道该对他说什么，于是微笑着，什么也没有说。

*

古老的宫殿建筑。幽微光线。她递过来一方手帕，说在附近店铺购买，来不及包装。小心折叠起来的棉布，上面绘有淡紫色铃兰，描着金线。这个年轻女孩，有一张白净的鹅蛋形脸庞。穿及踝长裙，漆黑发丝边佩戴一朵芍药花。她是我的读者。

甚为喜欢这方手帕。送心爱的人手帕是一种多么古典而柔情的方式。

*

西斯廷小教堂。在封闭和阴暗之中，穹顶壁画在头顶展开。亚当与上帝手指相触的瞬间，脸上有儿童般的纯净无助。仿佛即刻将被破坏。如同一种暗示，生命从此刻开始处于追寻。

笔记摘自一位希腊教授演讲：一，有效运作需要内在的道德核心和结构。如果核心是有错误的，不管运作多么前进，就是深刻的危机，在摇篮里就会指向死亡。二，所有的危机都是道德危机。三，现代社会注重改善生活标准而不是改善生活质量。在时间进程里，人类道德的地平线狭窄了，把符合人性的生活可能性排除了。四，你也许会有一辆技术先进的跑车，但却没有一起坐车观赏风景的人，你实际处于悲惨境地。从现代生活系统角度看，你过得很幸福，但这个系统一开始的道德目标就是有错误的。五，每一个人都需要检查自己的目的，方式，做好个体的哲学工作，除非只想建立一种貌似完美的混乱。

从克里特岛到雅典有一段夜船的旅途，会写在小说里。坐夜船的记忆还停留在童年时候。

　　　*

如果想去一个地方，想过很久，有一天就带着自己走了。这只是时间问题。

　　　*

有时我们会选择对某个人某件事服输，其实是向自己服输。人不可能一直试图战胜自己，这代价危险。有时你必须允许自己败给这个世界不可测的脆弱和威严，败给人性的复杂和深不可言。

　　　*

三里屯。寒风中这个瘦小的女子，说韩语，黑大衣，短裙，透明黑丝袜，一双细高跟黑鞋。黑色长发，大红色口红，抹了白粉的面容。裸露秀丽的小腿，脸色稳定。以前我觉得这样的女子缺乏理性，现在却觉得这美很是刚强。为了越过生活的庸俗，人所做出的牺牲值得。反之，厚厚裹起来害怕受冻的人，过于现实和安全。

美需要怪异和逆反。需要牺牲。

翻出《春宴》旧稿，试图再做若干小小修改。除了删除字词已再无工作可做。它被密密缝制成一条拼花被子，每一块花布各定其位。再次阅读，觉得它如同一条执拗而窄小的隧道，径直通往人心内里。完全不管不顾。这样封闭模式的写作，也就这样一次。若再写一本小说，根本已无心力近同。

它的写法和内容考验读者耐心，易起争议。开篇前奏缓慢，一半之后，大概从第七章开始进入正式旅途。最后一章是终点，但必须以之前的漫长前路做铺垫。这是任性之处。

在某种程度上，我接受它是一本会被浪费的作品。即它被接受的，也许是其表象最浅层的一面，而底下的深度无法被轻易掘起。浪沙越重，内在埋藏越深。快速论断使很多任性的作品获得在时空领域里被再次阐释的可能性。这使时间生发出空旷的意味。我甘愿它如此。

它的有力与它的缺陷和任性同等明显，也许是十年之后我依然能够拿起来重读的作品。《告别薇安》之类的旧作，不具备这样的力量。大部分旧作对我而言，均是一种练笔，一种准备。《春宴》是一次中途的完成。

小说的功能即是为读者提供一种生活和思考经验之外的新的可能性，外界吸收和接受与否，书要顺受坦然。对我来说，我对它的不完美和强壮都觉放心，由它独自开始漫长旅途并接受波澜。信任它如河流孤行，最终归入大海。

　　　　*

　　应把小儿女情怀变成大的悲悯。

　　他说他觉得内心很孤独，找不到可以回去的家。他说，见到你本来是高兴的事情，但你是个混合体。走过泥泞的街道，坐下来喝一杯热茶。他在出租车上不知觉地入睡。日益老去的侧脸线条。

　　　　*

　　如果这是生活中最大的一个负面存在，那么必须要从根部开始铲除。把匕首吞下咽喉，把碎片埋入泥土。

　　经历黑暗与毒药的试炼，不逃避，吞食它，转化它。穿越最后一线生机。得胜使人加倍得到光明。通过它们如同通过悬崖边一线缝隙，以全部的专注和勇气。

恶与苦痛是修行，是从火焰中挣脱出来的清凉和后退。

不要试图去改变或影响任何对方。感情若充满猜测、试探、计较、自保、角斗、争辩及反复之心，会成为成人世界凉薄人情和经验偏见的综合体。

因此，我只有一个微小的理想。愿能够清澈而怜悯地爱着你。清澈，怜悯。不过如此。

*

以余生的速度，慢慢用手和笔，写下整沓稿纸的文字给你，留下拙实的字迹和记忆给你。纸会发黄，墨迹会损淡，但它是一个物证。

我并不惧怕你我化作了灰。只希望这灰烬的每一个颗粒都是被充分烧尽的。

*

终有一天，这颗心会如海中滴水，失去踪迹。

*

男女之间，若只以好奇和欲望来做动力，一旦占有或产生厌倦之心，关系就失去行进的动力。如同被嚼过的甘蔗渣滓，榨取完尽甜美可见的汁液，只能被丢弃。所以人常说，分手之后，相见不如怀念。

但我认为爱的喜悦，如同所有关系的源泉，应来自彼此思维的共振。来自它们的撞击、应和、交叠、推动。如果双方保持成长，思维能够开拓边界递进深度，那么不管关系是否终结，只要相见，依然可以彼此给予。这样便具备了永久的相爱的可能性。

爱是存在，是行动。它自身可以成为自己的源泉。

"One man loved the pilgrim soul in you, And loved the sorrows of your changing face." 叶芝的诗句。觉得中文有时无法精确阐述英文独有的表达，如同英文有时也无法如实传递中文。这段话的涵义只能意会无法言传。

*

人会有多次搬家，变迁，整理，以至失去记忆中存在的许多照片。遗失的同时，也失去自身与岁月彼此对照的机会。

我无论如何也找不到自己三岁时的照片。只记得穿着小圆领灯心绒外套，胸口处有绣花，眼睛黑亮。也找不到祖父母年轻时拍过的一些照片，发黄的小黑白照片。它们曾被白纸密密地包起来塞在抽屉里。在特定的年代，很多照片不能示众，也被它们的家庭草率对待。照片里的年轻人，他们梳理的发型，穿的丝绸衣服，严肃的神情，是现在不能看到的。

　　富足的照片，显示出一个家庭内在的稳定和平衡及以此带来的价值观。奔波劳碌的家庭不会有很多照片，即使有也大多会失散或损坏。

　　还是有一部分被保留下来。上世纪三十年代到八十年代，穿着丝绸旗袍绣花鞋的新嫁女子，戴着银项圈和虎头帽的男童，在杭州西湖边旅行的年轻夫妇，抱在怀里的头发上扎着大绸带结的满月女婴……一个十年，又一个十年。照片展示出人所演示的存在的一生，其间隐藏无数流离和变故。只有被凝固的某一格时光，银光闪闪，洁净无瑕疵。如同一声含蓄的叹息，隐藏在岁月机关交错的拐角处。

　　因为照片，我了解一个不再复返的时代。以及那个时代里曾经存在过的人的样子。

　　早年的照片是黑白的，小张，边缘分割成优雅的锯齿状，有照相馆的名字及拍摄时间。背后有题词，在亲友知己间互相赠送，是正式的信物。看起来拍得都很好，用光及灰度的层次，细腻和谐。那时照相馆用的是一种大型的完全手动的相机，摄影师基本上只拍一张，一次就过。对被拍者来说，这是很隆重的事情。需要穿上体面的衣服，把头发梳理得光滑，面容修饰干净，摆好姿势。

旧式的人在旧式照片里，脸上会发出一种光来。很少有人在拍照时笑，在不被暗示但全神贯注的时候，自然流露出天性。严肃有一种隐藏的力量，即便略带抑郁。从某种意义上说，曾经的那些村镇或小城照相馆里的摄影师，都可算是大师。拍和被拍的人内心郑重，端庄好看，气场有重量。

我常会对爱着的人提出要求，想看到他的家庭照片。看到他的母亲，父亲，姐姐，朋友，亲戚，全家福，因此获得进入一个陌生家庭核心的通道。进入他们的内部，获得这些人的细节和特征。年轻时人都这样美丽，皮肉光滑，眼眉清新。创伤、欲望、颠沛流离，风餐露宿，一切最终使人老去。这是时间的威力。

当我看着这些与我的生命无关的人的照片，他们的存在。我感受到彼此深深相联的存在于世的一体性。

*

小学春游。学校带领去奉化爬山，同学都跟着老师往前走，只有我迷了路。看到边上杜鹃花开得烂漫艳丽，想不明白为何不能去山野里看花，却要大伙一起人跟人排队爬石梯。掉队去山谷里漫游。独自一人，势单力薄。老师寻过来，严厉训斥。

一个人若注重自我的存在感大过于对集体的遵循，会成为一个边缘人。自主、远行、冒险、一意孤行，离开社会的主流。他需要付出某种孤立的代价。

二〇〇四年，抵达雅鲁藏布大峡谷和墨脱。我从不试图再回去墨脱。大雨，泥泞，高山，塌方，置于生死之中的麻木不仁。在路途中已知，有些地方，一生只能去一次。但那依旧是一生的事。二〇〇六年，出版《莲花》，为杂志拍摄第一次封面照片。在摄影师房间。衬衣，裙子，球鞋，长发，香烟，清水及耳环。那一年代表着生活的某处分界。

在拉萨的寺庙空地拍摄过的大丽花。那时是十月，不知为何，那花如此鲜艳。我热爱所有真情实感的花朵，如同热爱人之感性和激情。如同冲浪的人对剧烈浪头的等待和迎接。即便为之损伤。

《春宴》下厂，进入印刷期。这周做了第一次正式采访。是接受同一个人的第三次采访，她的问题一贯简洁贴近。

莲蓬，大丽花，绣球，马蹄莲，金色羊齿，日本折扇，团扇，丝绒披肩。第二个封面，距离〇六年黑白封面已过五年。工作从早上九点持续到晚上七点。宝丽来脆弱易变，无法复制，呈现出新的经验。

*

在某些状况下，必须转身放手，面对独自的茫茫黑夜。

如果这是必经道路，无需质疑为何需要如此。不管亮光在哪里，只管迈开脚步。置身于全然的黑暗之中，不再询问光的来源。只有持续的行走，才是划裂它的唯一可能。

*

不迷恋断壁残垣动荡中的城池。即便是一场幻术，也要各尽其责。

目送你一程。自此各奔东西。

*

埋葬完毕的旧躯壳，生发出一片绿意盈盈的森林。你说，继续等。微微打个瞌睡，人生就翻开了新一页。我仍旧等待。我在等待。这所有的发生其实最终是在验证这个。

既可以死去，也可以谦卑地活下去。

*

　　有人在家里阴凉处储存大缸云南普洱茶。喝了那个人顶好的茶之后，再喝其他便觉得有些粗糙。可见茶跟见识一样，一被拔高，容易心生惭愧。也像得到一个境遇高贵的爱人，即便相处有限期，也会记得他的光华，更觉此后世间窘迫的人为多。我对茶素来无瘾，也不追求。偶尔喝到好茶，只当是邂逅，总是感谢的心居多。

　　紫檀，牛毛纹，暗而典雅的光泽。古穆的气质。色泽沉郁浓厚，也着实昂贵。红木老了之后，颜色也转暗。这些珍贵的木头，抚摸上去质感是独特的。清朗润泽，富丽从容。有芳香味。古代中国人知道什么是好东西。他们以现实主义的态度，理性对待自己的人生质量，欣赏、创造、赞美一切风雅的事物。

　　人该如好木、好茶。岁月会让珍贵的质地更有分量，以内在、密度、硬度、特质，对抗外界流动及喧嚣。凭着天生样貌和身材，以年轻取胜，并不是高级的优美。被生活锤炼过，充满内心历史，最终心定意平。这才有了人的品格。

　　搬运工人来送一盆粗壮高大的佛手，花盆不小心在樱桃木地板上划出一道细长伤痕。如同美与美之间的折损。要避免的只是恶与恶之间的碰撞。唯独这才是一种禁忌。

　　冬天晚上，不知为何经常会觉得饿。时常半夜起来吃东西。

买了两双高跟鞋，同样款式，一双纯黑色，一双深紫色。

*

不起疑心，没有贪念。记得即刻惜取，最好转眼就忘。这便是直指尽头。

*

在制作古琴的偏僻工厂里，看到插在巨大瓦罐里的腊梅树枝，很粗壮，似乎是老树。旁边有两盆兰花。落地窗外绿树荫荫。普洱有一股陈年霉味。犹记得那个穿布衫的中年男子，信手抚琴，弹奏一曲。琴弦在空气中微微震颤，手指揉搓，心为之震动。

已过去两日，仍是难忘。

*

读书是照镜。每人不过担当自己的担子。读者在阅读时，自动拣取一本书的内心，书也在同时自动筛选阅读着它的那个人。不会互相等待。若因心性、理解、领悟和经历的差异，彼此缺乏流动的通道，书便是彼此的隔膜。

《春宴》出版，再次发起的种种争议都在预期之内。包括有读者感觉阅读困难或无法读完。这一切使人冷静，获得内在的反省空间，重新整理和观察思路。

各种谩骂、扭曲等恶口，则只是人心各自的事，已与作品本身全然无关。貌似这个社会充满一种无畏的疾病般的攻击性。（在虚弱而躲藏的假面背后。对他人的践踏替代不能如愿的欲望的发泄。）

虽在网络或匿名，心念和语言的种子最终仍会在自己的心里结果。

        *

我敬慕那些温柔的轮廓洁净的人，他们仿佛已经是一种完成。但我更为喜爱那些面目安静却暗藏不羁和顽劣的人。他们的心还走在路上，还在等待被损伤和重塑。

        *

遗失了一只碗，得到两只扁平的茶盏。一只上面描着兰草，一只是莲。这世间诸事不增不减。洗净双手，午后沏茶。即便是我自己，也无法道出这种内心时时沉默的完整和满溢。

冬日夜晚，好的事情是看到家里亮起来的灯，躺在被窝里看书，喝到热茶，在早晨的寒意和阳光中跑步，炖煮热汤，小餐厅里喝酒。

春节对我来说不是一个愉快的节日。喧闹世俗的春晚，惊天动地的鞭炮，丰盛腻足的食物，映衬着人在命运阴影里的颠沛流离。有时我只愿与一人同去某个幽僻而深远的小村庄，喝酒，踏雪，入睡，早起携手寻访腊梅花……静静做这些与世隔绝的事情。美好愿景需要正确的人参与。需要很有力气地生活着。

时间太短，时间不够，但一切都来得及。一起去环游世界，带上简单的行李即刻出发。时间所剩无多，走得越早越好。

冬季末梢，阅读、休憩、净化、过滤、内省，首要的是感谢。感谢自他人之处所得到的，也感谢自己为他人所送出的。"请看到任何事物的完美之处。"

*

我的心是一座浸泡在海水中的宫殿。多年之后，你会记得它，也许忘却它。最终，你会怀念它。这种悲哀与击伤。这种怜悯与温柔。这空无而充盈的力量。

*

在东京拍摄的照片被邀请制作成一个小说家的新书封面。对方出版社询问如何付酬，答复他们不收取任何费用，赠予对方。样本寄来，翻看几页，其中有一句话。"我一生有的都是些琐事，历史跟国家从没有烦过我。"

整理书房，旧信，照片。有很多没有整理。时间每一刻都在流逝，这些被凝固的瞬间，记录了曾处在何时何地，曾与谁对照，曾停留过怎样的自己。片段里可捕捉到构成自我的一条微弱而明确的线索。有时你会遗忘，事实上它一直存在。

再次看到尼泊尔小城镇的早晨。空旷的马路边，牛和垃圾在一起，天空泛出灰蓝色。那是炎热天气里唯一略有清凉的时分。人在路上，每一天都在朝向未知，朝向新的没有抵达的目标。在陌生的文明和人群里生活，感受他们带来的崭新的冲击。

那些内心静谧的片刻。清晨的麦田和雾气。微妙的光线。一条逐渐忘记自己的道路。

*

毫无疑问，需要费心操劳的，需要勉强敷衍的，都不是你的东西。挣扎或对抗的过程，只是用以训练的工具。属于你的事物，只会以自动出现的方式靠近，并且自在而适宜，得心应手，水到渠成。它在终点等待，只为见证你真正的自足。

中午做意大利面条。去商店买白衬衣，新的内衣。今日是否应该早睡，并在睡前认真读完二十页的书。

*

隐约中的一个梦。听见空姐过来说，现在无法降落，也不能确定飞机是否需要飞去另一个地方。听到之后，没有什么恐慌，也无悲喜。只是无法证实这是做的梦还是现实。醒来后，飞机降落于云雾阴沉暴雨即至的机场。

*

"我只想竭尽全力地投身自己的工作之中。对我而言，除了工作便一无所有。我感到自己言犹未尽。可是在目前的抑郁心境下，我又说不清自己想要说什么。长年以来我所期盼的作品，是寂静的观照，素材的纯化以及孤独的境地。而我的反省，却要将我折磨致死。"（林芙美子）

世间欢歌急锣，何以找到一处能够安顿身心。造出空中楼阁，分明不过是一个人的花好月圆。虚妄的游戏，诚恳的任务。仅存的一线自由。

如果不写作，心无法在这个世间找到一个停栖之处。事实也是如此。

不信服任何权威，也不试图成为权威。平静面对各式角色的表演和出场。事物各有流派和属性，人各有偏爱和立场。无需在观念各异中寻找客观。应独辟蹊径，找到真实。

数十年后，这些人有的被焚烧成灰尘撒入大海，有些被放入博物馆展览，有些被做成了纪念碑。只有彼此的灵魂是平等和自由的。

超出他者的美有时会成为一种损伤。

*

它是土壤里的种子，海洋中的灯。它不会在我们失去相信之前自行远去。

*

丢失一只白玉镯子，不告而别，失去踪迹。如同一些物品，过些时日又会默默在某处自动出现。如果它要回来找我，它会在某时

254

某地出现。如果它不回来，这是它要的结果。这样想着，便不觉得丢失了它。我想我在等待它自动决定。

W来短信，早上两点刚回北京。中午十一点左右接上他，来家里小坐。喝普洱茶，小叙到十二点多。送我一方印章，刻的四字，"万事可忘"。

下午与出版社编辑见面。有大量工作。

晚上和两个朋友在一家从未去过的热闹餐厅吃饭，等候时下五子棋。我本能趋向幽默而热情的人，他们带给我热量。如同少年同学，单纯而无猜的气氛。人喝至微醺时，觉得与世界疏离僵硬的距离有所拉近。回家时车子驶过空旷野地，铁轨通道，拎着手提灯看护铁道的工人。深夜雾气的城市呈现荒诞意味。

完成长篇的采访和拍摄。

        *

来日相见，只想先牵着你的手温存地哭一场。无需说起这半生已然过去的哪怕最微小的一丝丝煎熬。那曾使我们的心刚硬和受苦的，也必然会在某时，使我们的心再度温润澄净如同春水。

*

　　在活着的每一天，把当下的事一件一件做完。用全力做尽它的内在含义，做到应该抵达的程度。生命不时泄露些许真相，让人看到千疮百孔。虚饰逃避一样需要用力的麻木，不如继续爱，爱下去，被爱，保持热诚和天真。

　　花园里的树，落花脱尽后便长满绿叶，之后还会有果实，来年依旧有花期。想起这些来，觉得怎样都是对的。都是圆满。我会在时间的宏观限度里等待你。

*

　　人来人往看灯会，你是灯笼下悬挂的那则不可能被猜出的谜题。只有一个人，他不想猜。他要这盏灯，只是觉得它美。紧紧握在手里，照明夜色中回家的路。

*

　　关掉灯之后房间里还有微微光线。她困倦而眠。

　　幼童的睡眠深沉而酣畅，如同进入洞穴，听不到呼吸的声响。在她入睡时，我会抚摸她的头发，额头，手指，脚趾，嗅闻她淡淡的芳香。抓住她胖胖的小手，感觉肌肉的弹性紧绷，蓬勃生发。轻轻地碰触，来来回回。留恋这无需发出声音的抚摸。母亲以前也经常这样抚摸我。

若她疲倦，习惯蹲下来让她趴在背上，背着她走。城市里很少看到有人背孩子，我习惯这个方式。童年时不同的亲人背过我，这是流传下来的方式。这样的时刻我们能得到同样的安稳。

我是个母亲吗。我的内心一直也有个孩子，渴望与她一起成长。等她成人之后，我希望她能够"看见"母亲心中的这个孩子。

保持生命实践的信念和勇气，是应该为她做到的一件事情。

一个能够控制情绪不失态的母亲。不抱怨、不说多余的话。一往无前。一个始终在学习、在工作、在创造的母亲。

这几点已足够。

   *

有时我希望她在我写过的文字里去尝试真正了解我。了解我曾有过的，现今所有的，以及未来会有的一切。有时则觉得她可以对我的内心一字不读。

*

我会如何表达对你的感情。

未曾为你写过信，不曾仔细记录你的一切，也不随意对别人谈论你。有时默默观望你入睡的脸庞，在你衣衫的破损处缝补上针线，或者随时回应你在寻找我的手，你对我的叫唤。言语总不显得妥当，它无法测量其中的深刻。

我要谢谢你来到这个世界，投靠我。借助我的肉体实现你的存在。我相信你有使命在身。

用你纯洁、明亮、温暖、有神的光芒，照耀我，逐一充满我与这个世界之间隔膜的距离。让我得以平静、坚强、持续。你扶助我存在于这个世界上的时间。我知道，你是来挽留我的。挽留我与世间始终存在的一种岌岌可危的脆弱的关系。

把美好的东西，放在你的手上，就如同放在我自己的手上。

愿你以本真的样子存在于世，感觉到快活。有来自于这个世间和自处的容纳之地。自益和有益于他人。

我爱你胜于我的肉身停留于这个世界上的时间。

*

流光过境，万籁俱寂。只剩下一片白茫茫大地。干净如明镜。

*

敦煌手抄经文残片中，清晰可见的墨字，印入眼中完整的一句是……皆得解脱，所得不退转。

编辑来电话，在咖啡店约见。路上步行时，感受到寒风刺骨。想到，没有过不去的事情，只有回不去。的确回不去。原谅自己和他人。给予光源和水。

*

"我对你的爱远超过你所想和所知。"你想说的也许是你的爱与我不相关。事实也是如此。我的爱也从来只是自己的事。

把眷恋和不舍，像握有的种子一样，在风中轻轻扬了它。任由它降落土地和河流，带着它的因缘生根发芽，不了了之。某天，你会想起悬崖边缘我伸出过空空的双手。想起我做尽的一切……在那一刻，你将会真正地深沉地思念我。

*

　　去 D 先生处拜访，问询他一些问题。走过小院子，空无一人，一棵杏花树在春日阳光中徒然独自开放。白色花瓣风中飘落，地上微微积累一层。无限寂静。当时有一种特别的感受，觉得吉祥。

　　此刻所需要只是——正式道别，即便只是在心里。然后独自转身站到那个转折的起点上面去。

*

　　河流上白鹭飞过，稻田里谷穗爆裂。涧边蝴蝶安睡，枕边雨声潺潺。我看到你从梦中醒来，走过夜路。独自站在已被烧毁的渡口，等待去往彼岸的船只。

*

　　身体对时间是有记录性的。清晨六点躺下睡觉时，警觉窗外天色已亮。一夜无眠。

　　"因为知道自己历经过那么久的分离和失联之后，我们会感到一种灵魂的悲伤。那是一种湿润的悲伤。那是一种净化的悲伤。可以清理土地，准备新生命的萌芽……它使我们成为一个盛器，开着

口，准备迎接。"最近在阅读的书。隐秘而纯净的悲伤使生命成为
盛器。喜欢这比喻。

这些年，时间给予我一种有条不紊的安稳的开放性，仿佛犯过
的错误可以被原谅，行动可以洗牌重来。但显然即便有这种宽宏，
人也无法承当。在某种程度上说，人所做过的任何事情都不会是错
误。无需后悔。我们做出的任何选择都有它当下的意义。它联接着
过去的回声和未来的光亮。未必即刻显示出深意。

人生的一些事不需要着急，慢慢等一等，看它在时间中自行流
动的样子，看它如何回归自己的秩序，如何成形。分辨清楚。最终
才拿出一意孤行的迅疾的勇气。

以往种种，那些苦痛，执着，失望，反复，艰难，幼稚……在
当初未必立刻显现其作用。长久之后，终有一刻，能体会到它所想
给予的意义。

有时我隐隐担心失去对身边人与事物的热情。但又觉得真正的
热情，应该留给值得的任务。其他所有的出现和存在，X 或者 Y，
其性质是一样的，都只是来帮助我们验证最后一步的意义。都不过
是为了最终发掘和感受到这股深意的铺垫和递进。如同过河的石
头，或深或浅，或大或小，而人所要做的，只是踩过它们，持续地
坚定地前行。并且接受所有冲击。

*

　　一些黑暗能量沉积由来已久。对抗和负担这些能量，虽然没有被它们摧毁，但始终在负担的姿势，时而可察觉到变形和吃力。如何放下没有人可以给予指导，大多数人不过是独自默默探索。世间凡人摸索前行，凭靠天性敏锐洞察智慧能走多远就走多远。这是一条艰难的路，横冲直撞来回周折。

　　每个人用不同方式造就各种不同生活。人可以自由尝试各种途径。宗教或者灵性的途径让人望而生畏无所适从，因为它最终指向一种空无。生命形成一个必然要面对的无法逃避的疑问：你将如何活，将如何面对死。人无法逃脱这种被质问的痛苦。

　　有些人选择忽视、解构、轻视、嘲讽这种痛苦，以世俗的欢愉和麻醉来回避这些问题。有些人则选择负担自身所对应的使命，参与到宇宙广阔不语的共同秘密之中。

　　"任何一种哲学、灵性道路或宗教，假设不能增长灵性追随者的智慧，帮助他们了解非二元与幻相，至少也应该将我们视一切所见、所触、状似坚实者都是真实存在而且合乎逻辑的这种习性，加以某种程度的破坏。"（摘自一位仁波切。）

　　世界上的人分为几类。有些人喜欢做出姿态驯服世界，并以此忽略自身的真实。有些人想驯服自己的心，认知到除此之外的世界均不真实。

262

打破实相，妄想，虚空，生死，才得以穿越生命的苦。真正的清净圆满和喜悦是什么。这对凡俗生命来说是难以得到论证的问题。这里有两个原因。一，人所不知道的，不代表它不存在；二，人所知道的，有时不可被言说。

修行是一种精神性的训练。在认识到自身和万物的空性之后，体会到与之融为一体。一种清洗，一种倒空，一种静寂，一种满盈。如此这般地空与满。

修行，是一条纵然有百般疑问和困顿仍需坚持的实践之道。漫长，反复，迎接持续不断的冲突和迷误。当人可以把自己开放给终极的能量和无限度的时空，这卑微的肉身即便衰老或消亡也并不可怕。以此得以超越躯壳和极限。

"人生百岁浑如梦。心似槁木若寒灰。"晚上阅读摘录两句话。

生命卑微在苦海中沉沦起伏。《西游记》中，唐三藏抵达目的地之后在河边看到漂流过来的尸体，是旧日的自己。

要庆幸自己得到机会能够为一件美好的事物竭尽全力。要相信人所坚持的应会有回应，只是一切结果需要时间抵达。如同星光穿越宇宙进入视线。它需要时间。

*

　　清晨早起打扫庭院，插花，焚香。白日劳作。晚上喝酒看月亮。春夜的海棠花在街上铺了薄薄一层雪。我等待你来接我回家，手里拿着我的白布衫。

　　背后那股力量已经把你推到悬崖边缘最狭窄幽僻的一条通道。穿过它，以全部的专注和心力。

　　万事万物，最终只有承诺和牺牲，会让我们彼此怀念。

　　"水往前走，花瓣自动脱落，衣衫上丝线褪色断裂，手背上脉管凸起蜿蜒山岭。无常逐一升起和熄灭，我对你赤子之心永存。"

图书在版编目（CIP）数据

眠空/安妮宝贝著.—北京：北京十月文艺出版
社，2013.1

ISBN 978-7-5302-1273-8

Ⅰ.①眠…　Ⅱ.①安…　Ⅲ.①随笔—作品集—中国—
当代　Ⅳ.①I267.1

中国版本图书馆CIP数据核字（2012）第249070号

眠空
MIANKONG
安妮宝贝 著

*

北 京 出 版 集 团 公 司
北 京 十 月 文 艺 出 版 社　出版
（北京北三环中路6号）
邮政编码：100120
网　　址：ｗｗｗ.ｂｐｈ.ｃｏｍ.ｃｎ
新 经 典 文 化 有 限 公 司 发 行
新 华 书 店 经 销
北 京 汇 林 印 务 有 限 公 司 印 刷

*

850毫米×1168毫米　32开本　8.5印张　160千字
2013年1月第1版　2013年1月第1次印刷

ISBN 978-7-5302-1273-8
定价：39.50元

质量监督电话：010-58572393